KONSTEN ATT BAKA VEGANBRÖD HEMMA

En vegansk metod för hembakat bröd genom 100 recept

Åke Hellström

Copyright Material ©2024

Alla rättigheter förbehållna

Ingen del av denna bok får användas eller överföras i någon form eller på något sätt utan korrekt skriftligt medgivande från utgivaren och upphovsrättsinnehavaren, förutom korta citat som används i en recension. Den här boken bör inte betraktas som en ersättning för medicinsk, juridisk eller annan professionell rådgivning.

INNEHÅLLSFÖRTECKNING

INNEHÅLLSFÖRTECKNING **3**
INTRODUKTION **6**
PORTUGISISKT BRÖD **7**
   1. Bola De Carne 8
   2. Broa De Milho 11
   3. Pão Alentejano 13
   4. Papo-Seco eller Carcaça 15
   5. Pão De Mafra 18
   6. Broa De Avintes 21
   7. Pão De Centeio 23
   8. Broa De Avintes 25
   9. Pão De Água 27
   10. Pão De Batata 29
   11. Pão av Mealhada 31
   12. Pão De Alfarroba 33
   13. Pão De Rio Maior 35
   14. Pão De Centeio 37
   15. Regueifa 39
SPANSKA BRÖD **41**
   16. Pan Con Tomate 42
   17. Pan Rustico 44
   18. Pan De Payés 46
   19. Pan Gallego 48
   20. Pankubansk o _ 51
   21. Pan De Alfacar 53
   22. Pan Cateto 56
   23. Pan De Cruz 58
   24. Pataqueta 60
   25. Telera 62
   26. Llonguet 64
   27. B oroña 67
   28. Pistola 69
   29. Regañao 71
   30. Torta De Aranda 74
   31. Txantxigorri 76
   32. Pan De Semillas 78
   33. Oreja 81
GREKISKT BRÖD **83**
   34. Lagana 84
   35. Horiatiko Psomi 86
   36. Ladeni 88

37. Psomi Pita ... 90
38. Psomi Spitiko ... 92
39. Koulouri Thessalonikis ... 94
40. Artos ... 97
41. Zea ... 99
42. Paximathia ... 101
43. Batzina ... 104
44. Psomi Tou Kyrion ... 106
45. Xerotigana ... 108

FRANSKT BRÖD ... 111

46. Baguette ... 112
47. Baguetter Au Levain ... 116
48. Pain d'Épi ... 118
49. Pain d'Épi Aux Herbes ... 121
50. Fouée ... 124
51. Fougasse ... 127
52. Fougasse à l'Ail ... 130
53. Fougasse Au Romarin ... 132
54. Pain De Campagne ... 134
55. Boule De Pain ... 137
56. La Petite Boule De Pain ... 140
57. Smärta komplett ... 143
58. Smärta Aux Noix ... 146
59. Gibassier ... 149
60. Smärta Au Son ... 151
61. Faluche ... 153
62. Pain De Seigle ... 155
63. Miche ... 158

ITALIENSKT BRÖD ... 160

64. Grissini Alle Erbe ... 161
65. Ruta Pugliese ... 163
66. Grissini ... 167
67. Pane Pita ... 169
68. Pane Al Farro ... 171
69. Focaccia ... 174
70. Focaccia Di Mele ... 177
71. Schiacciata ... 180
72. Pane Di Altamura ... 182
73. Pane Casareccio ... 184
74. Ruta Toscano ... 186
75. Pane Di Semola ... 188
76. Pane Al Pomodoro ... 190
77. Pane Alle Olive ... 192

78. Pane Alle Noci 194
79. Pane Alle Erbe 196
80. Pane Di Riso 198
81. Pane Di Ceci 200
82. Pane Di Patate 202
83. Taralli 204

TURKISKT BRÖD 206
84. Simit 207
85. Ekmek 210
86. Lahmacun 212
87. Bazlama 215
88. Sırıklı Ekmek 217
89. Lavaş 219
90. Acı Ekmeği 221
91. Peksimet 224
92. Cevizli Ekmek 226
93. Yufka 228
94. Pide Ekmek 230
95. Vakfıkebir Ekmeği 232
96. Karadeniz Yöresi Ekmeği 234
97. Köy Ekmeği 237
98. Tost Ekmeği 240
99. Kaşarlı Ekmek 242
100. Kete 245

SLUTSATS 248

INTRODUKTION

Välkommen till "KONSTEN ATT BAKA VEGANBRÖD HEMMA", ett kulinariskt äventyr där vi utforskar världen av vegansk bakning genom 100 härliga brödrecept. Den här kokboken är din guide till att skapa utsökt och växtbaserat bröd i bekvämligheten av ditt eget kök. Följ med oss på en resa som hyllar konstnärskapet med vegansk brödbakning, från doften av jäsande deg till tillfredsställelsen av att njuta av en nybakad limpa.

Föreställ dig ett kök fyllt med doften av varmt bröd, gyllene skorpor och nyttiga ingredienser som passar din veganska livsstil. "Konsten att baka veganskt bröd hemma" är inte bara en samling recept; det är en utforskning av teknikerna, smakerna och glädjen som kommer med att tillverka veganskt bröd. Oavsett om du är en erfaren bagare eller någon ny i veganismens värld, är dessa recept skapade för att inspirera dig att skapa läckra och grymhetsfria bröd.

Från klassiska smörgåsbröd till hantverksmässiga surdegar och från söta frukostgodis till salta frallor, varje recept är en hyllning till mångsidigheten och kreativiteten som vegansk bakning erbjuder. Oavsett om du bakar till frukost, lunch, middag eller ett härligt mellanmål är den här kokboken din bästa resurs för att höja dina färdigheter i vegansk brödbakning.

Följ med oss när vi fördjupar oss i konsten att veganskt bröd, där varje recept är ett bevis på de möjligheter och läckerheter som uppstår när växtbaserade ingredienser möts. Så samla ditt mjöl, jäst och veganvänliga ingredienser, omfamna glädjen i att baka och låt oss ge dig ut på en kulinarisk resa genom "Konsten att baka veganskt bröd hemma."

PORTUGISISKT BRÖD

1. Bola De Carne

INGREDIENSER:
FÖR DEGEN:
- 4 dl brödmjöl
- 10 g salt
- 10g socker
- 7 g torrjäst
- 250 ml varmt vatten
- 2 matskedar olivolja

FÖR FYLLNING:
- 300 g nötfärs (eller en blandning av nötkött och fläsk)
- 1 liten lök, finhackad
- 2 vitlöksklyftor, hackade
- 1 liten morot, finriven
- 1 msk tomatpuré
- 1 tsk paprika
- Salta och peppra efter smak
- Hackad färsk persilja (valfritt)

INSTRUKTIONER:
a) Kombinera brödmjöl, salt och socker i en stor blandningsskål.
b) I en separat liten skål löser du den torra jästen i varmt vatten. Låt det sitta i ca 5 minuter tills det blir skummande.
c) Häll jästblandningen i bunken med mjölblandningen. Tillsätt olivoljan. Blanda väl tills alla ingredienser är ordentligt kombinerade och bildar en kladdig deg.
d) Lägg över degen på en lätt mjölad yta och knåda den i ca 10 minuter tills den blir slät och elastisk.
e) Lägg tillbaka degen i blandningsskålen, täck den med en ren kökshandduk eller plastfolie och låt den jäsa på en varm plats i cirka 1 till 2 timmar, eller tills den fördubblats i storlek.
f) Medan degen jäser förbereder du fyllningen. Värm lite olivolja på medelvärme i en stekpanna. Tillsätt hackad lök och hackad vitlök och fräs tills de blir genomskinliga.
g) Tillsätt nötfärsen (eller nötkötts- och fläskblandningen) i stekpannan och koka tills den fått färg. Tillsätt riven morot, tomatpuré, paprika, salt och peppar. Rör om väl för att kombinera

alla ingredienser. Koka ytterligare några minuter tills smakerna smälter samman. Ta bort från värmen och låt det svalna.

h) När degen har jäst, lägg över den på en mjölad yta och dela den i två lika stora delar.

i) Ta en del av degen och kavla ut den till en cirkel eller oval form, cirka ¼ tum tjock.

j) Bred hälften av köttfyllningen över den utkavlade degen, lämna en liten kant runt kanterna.

k) Kavla ut den andra delen av degen till en liknande form och lägg den ovanpå köttfyllningen, försegla kanterna mot varandra. Du kan krympa kanterna med fingrarna eller använda en gaffel för att trycka ihop dem.

l) Värm ugnen till 200°C (400°F).

m) Överför den sammansatta Bola de Carne till en plåt klädd med bakplåtspapper. Skär några grunda snitt på toppen av brödet så att ånga kan komma ut under gräddningen.

n) Grädda Bola de Carne i den förvärmda ugnen i cirka 30 till 35 minuter, eller tills den är gyllenbrun på utsidan och låter ihålig när den knackas på botten.

o) Ta ut Bola de Carne från ugnen och låt den svalna något innan den skärs upp och serveras.

2. Broa De Milho

INGREDIENSER:
- 250 g majsmjöl (fin eller medelmald)
- 250 g vetemjöl
- 10 g salt
- 10 g socker
- 10g aktiv torrjäst
- 325 ml varmt vatten
- Olivolja, för smörjning

INSTRUKTIONER:

a) I en stor blandningsskål, kombinera majsmjöl, vetemjöl, salt och socker.

b) I en separat skål, lös upp jästen i varmt vatten och låt den sitta i ca 5 minuter tills den blir skum.

c) Häll jästblandningen i skålen med majsmjöl och mjöl. Blanda väl tills alla ingredienser är ordentligt kombinerade och bildar en kladdig deg.

d) Täck skålen med en ren kökshandduk eller plastfolie och låt degen jäsa på en varm plats i cirka 1 till 2 timmar, eller tills den har dubbelt så stor storlek.

e) Värm ugnen till 200°C (400°F) och smörj en plåt eller klä den med bakplåtspapper.

f) När degen har jäst, forma den försiktigt till en rund eller oval limpa och lägg den på den förberedda bakplåten.

g) Täck brödet med en ren kökshandduk och låt jäsa ytterligare 30 minuter.

h) Efter den andra höjningen, använd en vass kniv eller ett rakblad för att göra några grunda snitt på toppen av limpan. Detta kommer att hjälpa brödet att expandera under gräddningen.

i) Placera bakplåten i den förvärmda ugnen och grädda brödet i cirka 30 till 35 minuter, eller tills det är gyllenbrunt på utsidan och låter ihåligt när du knackar på botten.

j) När broa de milho är gräddad, ta ut den från ugnen och låt den svalna på ett galler innan den skivas och serveras.

3.Pão Alentejano

INGREDIENSER:
- 4 dl starkt brödmjöl
- 350 ml varmt vatten
- 10 g salt
- 5g aktiv torrjäst

INSTRUKTIONER:

a) Blanda brödmjölet och saltet i en stor bunke.

b) I en separat skål, lös upp jästen i varmt vatten och låt den sitta i ca 5 minuter tills den blir skum.

c) Häll jästblandningen i skålen med mjöl och salt. Rör om väl tills ingredienserna är helt kombinerade och bildar en kladdig deg.

d) Täck skålen med en ren kökshandduk eller plastfolie och låt degen jäsa på en varm plats i cirka 1 till 2 timmar, eller tills den har dubbelt så stor storlek. Detta gör att jästen kan jäsa och utveckla smak.

e) När degen har jäst, förvärm ugnen till 220°C (425°F).

f) Mjöla lätt en ren yta och vänd ut degen på den. Knåda degen i ca 10 minuter tills den blir smidig och elastisk.

g) Forma degen till en rund limpa och lägg den på en plåt klädd med bakplåtspapper eller en smord ugnsform.

h) Täck brödet med en ren kökshandduk och låt jäsa ytterligare 30 minuter.

i) När degen har jäst igen, använd en vass kniv eller ett rakblad för att göra några diagonala snitt på toppen av limpan. Detta gör att brödet expanderar under gräddningen.

j) Placera bakplåten i den förvärmda ugnen och grädda brödet i cirka 30 till 35 minuter, eller tills det blir gyllenbrunt och låter ihåligt när du knackar på botten.

k) När brödet är gräddat, ta ut det från ugnen och låt det svalna på galler innan det skivas och serveras.

l) Njut av din hemmagjorda Pão Alentejano!

4. Papo-Seco eller Carcaça

INGREDIENSER:
- 4 dl brödmjöl
- 10 g salt
- 10 g socker
- 7g snabb torrjäst
- 300 ml varmt vatten
- Olivolja
- Extra mjöl för att pudra

INSTRUKTIONER:

a) I en stor blandningsskål, kombinera brödmjöl, salt, socker och instant torrjäst.
b) Tillsätt gradvis det varma vattnet till de torra ingredienserna under omrörning med en träslev eller spatel.
c) Fortsätt blanda tills degen går ihop och blir för svår att röra om.
d) Lägg över degen på en lätt mjölad yta och knåda den i ca 10 minuter tills den blir slät och elastisk.
e) Forma degen till en boll och lägg tillbaka den i mixerbunken. Ringla lite olivolja över degen och vänd den så att den täcks jämnt med olja.
f) Täck skålen med en ren kökshandduk eller plastfolie och låt degen jäsa på en varm plats i cirka 1 till 2 timmar, eller tills den har dubbelt så stor storlek.
g) När degen har jäst, slå ner den för att släppa ut luften och för tillbaka den till den mjölade ytan.
h) Dela degen i mindre portioner, var och en väger cirka 70-80g, beroende på önskad storlek på frallorna.
i) Forma varje del till en rund boll genom att vika kanterna under och rulla den mot ytan med handflatan.
j) Lägg de formade frallorna på en plåt klädd med bakplåtspapper, lämna lite utrymme mellan dem för expansion.
k) Täck bakplåten med en ren kökshandduk och låt frallorna jäsa ytterligare 30 minuter.
l) Värm ugnen till 220°C (425°F).
m) När bröden har jäst, använd en vass kniv eller ett rakblad för att göra några diagonala snitt på toppen av varje rulle.

n) Placera bakplåten i den förvärmda ugnen och grädda bröden i cirka 15 till 20 minuter, eller tills de blir gyllenbruna och låter ihåliga när du knackar på botten.

o) När Papo-seco eller Carcaça är gräddad, ta ut dem från ugnen och låt dem svalna på galler innan servering.

p) Njut av din hemgjorda Papo-seco eller Carcaça! De är perfekta för smörgåsar eller serveras tillsammans med dina favoritmåltider.

5.Pão De Mafra

INGREDIENSER:
- 1 kg brödmjöl
- 20 g salt
- 20 g socker
- 20 g färsk jäst
- 700 ml varmt vatten
- Olivolja
- Extra mjöl för att pudra

INSTRUKTIONER:

a) Kombinera brödmjöl, salt och socker i en stor blandningsskål.
b) I en separat liten skål, lös upp den färska jästen i en liten mängd varmt vatten. Om du använder aktiv torrjäst, lös upp den i en liten mängd varmt vatten med en nypa socker och låt den sitta i 5 minuter tills den blir skummande.
c) Gör en brunn i mitten av mjölblandningen och häll i den lösta jästblandningen.
d) Tillsätt gradvis det varma vattnet i skålen, under omrörning med en träslev eller spatel. Fortsätt blanda tills degen går ihop.
e) Lägg över degen på en lätt mjölad yta och knåda den i ca 10-15 minuter tills den blir slät, elastisk och lite kladdig.
f) Forma degen till en boll och lägg tillbaka den i mixerbunken. Ringla lite olivolja över degen och vänd den så att den täcks jämnt med olja.
g) Täck skålen med en ren kökshandduk eller plastfolie och låt degen jäsa på en varm plats i cirka 2 till 3 timmar, eller tills den har dubblerats i storlek.
h) När degen har jäst, slå ner den för att släppa ut luften och för tillbaka den till den mjölade ytan.
i) Dela degen i två lika stora delar och forma varje del till en rund eller oval limpa. Lägg bröden på en plåt klädd med bakplåtspapper.
j) Täck bakplåten med en ren kökshandduk och låt bröden jäsa i ytterligare 30 till 60 minuter.
k) Värm ugnen till 230°C (450°F).
l) När bröden har jäst, använd en vass kniv eller ett rakblad för att göra några diagonala snitt på toppen av varje bröd.
m) Placera bakplåten i den förvärmda ugnen och grädda bröden i cirka 25 till 30 minuter, eller tills de blir gyllenbruna och låter ihåliga när de knackas på botten.
n) När Pão de Mafra är gräddad, ta ut bröden från ugnen och låt dem svalna på galler innan de skivas och serveras.

6.Broa De Avintes

INGREDIENSER:

- 250 g majsmjöl (fin eller medelmald)
- 250 g vetemjöl
- 10 g salt
- 10 g socker
- 7g aktiv torrjäst
- 325 ml varmt vatten
- Olivolja, för smörjning

INSTRUKTIONER:

a) I en stor blandningsskål, kombinera majsmjöl, vetemjöl, salt och socker.
b) I en separat liten skål, lös upp den aktiva torrjästen i varmt vatten. Låt det sitta i ca 5 minuter tills det blir skummande.
c) Häll jästblandningen i skålen med majsmjöl och mjöl. Blanda väl tills alla ingredienser är ordentligt kombinerade och bildar en kladdig deg.
d) Täck skålen med en ren kökshandduk eller plastfolie och låt degen jäsa på en varm plats i cirka 1 till 2 timmar, eller tills den har dubbelt så stor storlek.
e) Värm ugnen till 200°C (400°F) och smörj en plåt eller klä den med bakplåtspapper.
f) När degen har jäst, forma den försiktigt till en rund eller oval limpa och lägg den på den förberedda bakplåten.
g) Täck brödet med en ren kökshandduk och låt jäsa ytterligare 30 minuter.
h) Efter den andra höjningen, använd en vass kniv eller ett rakblad för att göra några grunda snitt på toppen av limpan. Detta kommer att hjälpa brödet att expandera under gräddningen.
i) Placera bakplåten i den förvärmda ugnen och grädda brödet i cirka 30 till 35 minuter, eller tills det är gyllenbrunt på utsidan och låter ihåligt när du knackar på botten.
j) När Broa de Avintes är gräddad, ta ut den från ugnen och låt den svalna på ett galler innan den skivas och serveras.

7.Pão De Centeio

INGREDIENSER:
- 250 g rågmjöl
- 250 g brödmjöl
- 10 g salt
- 7 g torrjäst
- 325 ml varmt vatten
- Olivolja, för smörjning
- Extra mjöl för att pudra

INSTRUKTIONER:
a) I en stor blandningsskål, kombinera rågmjöl, brödmjöl och salt.
b) I en separat liten skål löser du den torra jästen i varmt vatten. Låt det sitta i ca 5 minuter tills det blir skummande.
c) Häll jästblandningen i skålen med mjöl och salt. Blanda väl tills alla ingredienser är ordentligt kombinerade och bildar en kladdig deg.
d) Täck skålen med en ren kökshandduk eller plastfolie och låt degen jäsa på en varm plats i cirka 1 till 2 timmar, eller tills den har dubbelt så stor storlek.
e) Värm ugnen till 220°C (425°F) och smörj en plåt eller klä den med bakplåtspapper.
f) När degen har jäst, lägg över den på en lätt mjölad yta och forma den till en rund eller oval limpa.
g) Lägg brödet på den förberedda bakplåten. Gör några grunda snitt på toppen av limpan med en vass kniv eller ett rakblad.
h) Täck brödet med en ren kökshandduk och låt jäsa ytterligare 30 minuter.
i) Grädda brödet i den förvärmda ugnen i cirka 35 till 40 minuter, eller tills det är gyllenbrunt och låter ihåligt när du knackar på botten.
j) När Pão de Centeio är gräddad, ta ut den från ugnen och låt den svalna på galler innan den skivas och serveras.

8.Broa De Avintes

INGREDIENSER:
- 250 g majsmjöl
- 250 g brödmjöl
- 10 g salt
- 7 g torrjäst
- 325 ml varmt vatten
- Olivolja, för smörjning

INSTRUKTIONER:

a) I en stor blandningsskål, kombinera majsmjöl, brödmjöl, salt och instant torrjäst.

b) Tillsätt gradvis det varma vattnet till de torra ingredienserna under omrörning. Fortsätt att blanda tills alla ingredienser är ordentligt kombinerade och bildar en kladdig deg.

c) Lägg över degen på en lätt mjölad yta och knåda den i ca 10 minuter tills den blir slät och elastisk. Tillsätt mer mjöl om det behövs, men var försiktig så att degen inte blir för torr.

d) Lägg tillbaka degen i blandningsskålen, täck den med en ren kökshandduk eller plastfolie och låt den jäsa på en varm plats i cirka 1 till 2 timmar, eller tills den fördubblats i storlek.

e) När degen har jäst, förvärm ugnen till 200°C (400°F).

f) Slå ner degen för att släppa ut luften och forma den till en rund limpa eller enskilda rullar, beroende på vad du föredrar.

g) Lägg den formade degen på en bakplåtspappersklädd plåt. Gör några grunda snitt på toppen av brödet för att tillåta expansion under gräddningen.

h) Täck bakplåten med en ren kökshandduk och låt degen jäsa i ytterligare 30 minuter.

i) Grädda Broa de Avintes i den förvärmda ugnen i cirka 30 till 35 minuter, eller tills den är gyllenbrun på utsidan och låter ihålig när den knackas på botten.

j) Ta ut brödet ur ugnen och låt det svalna på galler innan servering.

1.
2.

9.Pão De Água

INGREDIENSER:
- 4 dl brödmjöl
- 2 tsk salt
- 2 tsk snabbjäst
- 2 dl ljummet vatten

INSTRUKTIONER:

a) I en stor skål, kombinera brödmjöl, salt och snabbjäst.
b) Tillsätt det ljumna vattnet gradvis, blanda väl tills en mjuk deg bildas.
c) Lägg över degen till en mjölad yta och knåda i ca 10 minuter tills den blir slät och elastisk.
d) Lägg tillbaka degen i skålen, täck den med en duk och låt den jäsa på en varm plats i 1-2 timmar eller tills den har dubbelt så stor storlek.
e) Värm ugnen till 450°F (230°C) och placera en baksten eller bakplåt på mitten av gallret.
f) Stansa ner degen och forma den till en rund eller oval limpa.
g) Lägg brödet på en bakplåtspappersklädd plåt och låt jäsa ytterligare 30 minuter.
h) Använd en vass kniv och gör diagonala snedstreck på toppen av limpan
i) Överför bakplåten på den förvärmda bakstenen eller bakplåten i ugnen.
j) Grädda i cirka 30-35 minuter eller tills brödet är gyllenbrunt och låter ihåligt när du knackar på botten.
k) Ta ut ur ugnen och låt den svalna på galler innan du skivar och serverar.

10. Pão De Batata

INGREDIENSER:
- 2 medelstora potatisar, skalade och tärnade
- 1 kopp varmt vatten
- 2 matskedar olivolja
- 1 msk snabbjäst
- 2 tsk salt
- 4 dl brödmjöl

INSTRUKTIONER:
a) Lägg den tärnade potatisen i en kastrull och täck med vatten. Koka tills potatisen är gaffelmör.
b) Häll av den kokta potatisen och mosa den tills den är slät. Låt den svalna något.
c) I en stor skål, kombinera det varma vattnet, olivolja, snabbjäst och salt. Blanda väl.
d) Tillsätt potatismoset i blandningen och rör om tills det är väl blandat.
e) Tillsätt brödmjölet gradvis, blanda väl tills en mjuk deg bildas.
f) Lägg över degen till en mjölad yta och knåda i cirka 10 minuter eller tills den blir slät och elastisk.
g) Lägg tillbaka degen i skålen, täck den med en duk och låt den jäsa på en varm plats i 1-2 timmar eller tills den har dubbelt så stor storlek.
h) Värm ugnen till 375°F (190°C) och smörj en brödform.
i) Stansa ner degen och forma den till en limpa. Lägg den i den smorda brödformen.
j) Täck formen med en duk och låt degen jäsa i ytterligare 30 minuter.
k) Grädda i cirka 30-35 minuter eller tills brödet är gyllenbrunt och låter ihåligt när du knackar på botten.
l) Ta ut ur ugnen och låt den svalna på galler innan du skivar och serverar.

11.Pão av Mealhada

INGREDIENSER:
- 4 dl brödmjöl
- 1 paket (2 ¼ teskedar) aktiv torrjäst
- 1 tsk socker
- 1 tsk salt
- 2 koppar varmt vatten

INSTRUKTIONER:

a) I en liten skål, lös upp jästen och sockret i varmt vatten. Låt det sitta i 5 minuter tills det skummar.

b) Blanda brödmjölet och saltet i en stor bunke.

c) Häll jästblandningen i mjölblandningen och blanda väl till en kladdig deg.

d) Lägg över degen till en lätt mjölad yta och knåda i cirka 10 minuter tills den är slät och elastisk. Du kan behöva tillsätta lite mer mjöl om degen är för kladdig.

e) Lägg degen i en smord skål, täck den med en ren kökshandduk och låt den jäsa på en varm plats i ca 1 timme eller tills den har dubbelt så stor storlek.

f) Värm ugnen till 450°F (230°C).

g) Stansa ner degen och forma den till en rund limpa.

h) Lägg brödet på en plåt klädd med bakplåtspapper.

i) Använd en vass kniv och gör flera grunda snitt på toppen av limpan.

j) Låt degen vila i ytterligare 15 minuter.

k) Grädda brödet i den förvärmda ugnen i ca 20-25 minuter eller tills skorpan är gyllenbrun och brödet låter ihåligt när man knackar på botten.

l) Ta ut brödet ur ugnen och låt det svalna på galler innan du skivar det.

12. Pão De Alfarroba

INGREDIENSER:
- 4 dl brödmjöl
- 1 paket (2 ¼ teskedar) aktiv torrjäst
- 1 tsk socker
- 1 tsk salt
- 2 matskedar johannesbrödpulver
- 2 matskedar olivolja
- 1 ½ dl varmt vatten

INSTRUKTIONER:

a) I en liten skål, lös upp jästen och sockret i varmt vatten. Låt det sitta i 5 minuter tills det skummar.

b) Kombinera brödmjöl, salt och johannesbrödpulver i en stor blandningsskål.

c) Häll jästblandningen och olivoljan i mjölblandningen och blanda väl till en kladdig deg.

d) Lägg över degen till en lätt mjölad yta och knåda i cirka 10 minuter tills den är slät och elastisk. Du kan behöva tillsätta lite mer mjöl om degen är för kladdig.

e) Lägg degen i en smord skål, täck den med en ren kökshandduk och låt den jäsa på en varm plats i ca 1 timme eller tills den har dubbelt så stor storlek.

f) Värm ugnen till 400°F (200°C).

g) Stansa ner degen och forma den till en rund limpa eller önskad form.

h) Lägg brödet på en plåt klädd med bakplåtspapper.

i) Låt degen vila i ytterligare 15 minuter.

j) Grädda brödet i den förvärmda ugnen i ca 25-30 minuter eller tills skorpan är gyllenbrun och brödet låter ihåligt när man knackar på botten.

k) Ta ut brödet ur ugnen och låt det svalna på galler innan du skivar det.

13.Pão De Rio Maior

INGREDIENSER:
- 4 dl brödmjöl
- 1 paket (2 ¼ teskedar) aktiv torrjäst
- 1 tsk socker
- 1 tsk salt
- 2 koppar varmt vatten

INSTRUKTIONER:

a) I en liten skål, lös upp jästen och sockret i varmt vatten. Låt det sitta i 5 minuter tills det skummar.

b) Blanda brödmjölet och saltet i en stor bunke.

c) Häll jästblandningen i mjölblandningen och blanda väl till en kladdig deg.

d) Lägg över degen till en lätt mjölad yta och knåda i cirka 10 minuter tills den är slät och elastisk. Du kan behöva tillsätta lite mer mjöl om degen är för kladdig.

e) Lägg degen i en smord skål, täck den med en ren kökshandduk och låt den jäsa på en varm plats i ca 1 timme eller tills den har dubbelt så stor storlek.

f) Värm ugnen till 450°F (230°C).

g) Stansa ner degen och forma den till en rund eller oval limpa.

h) Lägg brödet på en plåt klädd med bakplåtspapper.

i) Låt degen vila i ytterligare 15 minuter.

j) Riva toppen av limpan med en vass kniv, gör ytliga snedstreck.

k) Grädda brödet i den förvärmda ugnen i ca 20-25 minuter eller tills skorpan är gyllenbrun och brödet låter ihåligt när man knackar på botten.

l) Ta ut brödet ur ugnen och låt det svalna på galler innan du skivar det.

m) Njut av din hemgjorda Pão de Rio Maior som ett utsökt tillskott till dina måltider eller som ett gott mellanmål!

14. Pão De Centeio

INGREDIENSER:
- 2 dl rågmjöl
- 2 dl brödmjöl
- 1 paket (2 ¼ teskedar) aktiv torrjäst
- 1 tsk socker
- 1 tsk salt
- 1 ½ dl varmt vatten

INSTRUKTIONER:

a) I en liten skål, lös upp jästen och sockret i varmt vatten. Låt det sitta i 5 minuter tills det skummar.

b) I en stor blandningsskål, kombinera rågmjöl, brödmjöl och salt.

c) Häll jästblandningen i mjölblandningen och blanda väl till en kladdig deg.

d) Lägg över degen till en lätt mjölad yta och knåda i cirka 10 minuter tills den är slät och elastisk. Du kan behöva tillsätta lite mer mjöl om degen är för kladdig.

e) Lägg degen i en smord skål, täck den med en ren kökshandduk och låt den jäsa på en varm plats i ca 1 timme eller tills den har dubbelt så stor storlek.

f) Värm ugnen till 400°F (200°C).

g) Stansa ner degen och forma den till en rund eller oval limpa.

h) Lägg brödet på en plåt klädd med bakplåtspapper.

i) Låt degen vila i ytterligare 15 minuter.

j) Riva toppen av limpan med en vass kniv, gör ytliga snedstreck.

k) Grädda brödet i den förvärmda ugnen i ca 40-45 minuter eller tills skorpan är mörkt gyllenbrun och brödet låter ihåligt när man knackar på botten.

l) Ta ut brödet ur ugnen och låt det svalna på galler innan du skivar det.

15. Regueifa

INGREDIENSER:
- 4 dl brödmjöl
- 2 ¼ teskedar aktiv torrjäst
- 1 tsk socker
- 1 tsk salt
- 2 matskedar olivolja
- 1 ½ dl varmt vatten
- Grovt socker eller sesamfrön, för toppning (valfritt)

INSTRUKTIONER:
a) I en liten skål, lös upp jästen och sockret i varmt vatten. Låt det sitta i 5 minuter tills det skummar.
b) Blanda brödmjölet och saltet i en stor bunke.
c) Häll jästblandningen och olivoljan i mjölblandningen och blanda väl till en kladdig deg.
d) Lägg över degen till en lätt mjölad yta och knåda i cirka 10 minuter tills den är slät och elastisk. Du kan behöva tillsätta lite mer mjöl om degen är för kladdig.
e) Lägg degen i en smord skål, täck den med en ren kökshandduk och låt den jäsa på en varm plats i ca 1 timme eller tills den har dubbelt så stor storlek.
f) Värm ugnen till 400°F (200°C).
g) Stansa ner degen och dela den i två lika stora delar.
h) Ta en del av degen och forma den till en lång, rund limpa genom att kavla den på en lätt mjölad yta. Upprepa med den andra delen av degen.
i) Lägg de formade bröden på en plåt klädd med bakplåtspapper, lämna lite utrymme mellan dem.
j) Täck bröden med en ren kökshandduk och låt dem jäsa ytterligare 30-45 minuter tills de har blivit dubbelt så stora.
k) Strö grovt socker eller sesamfrön ovanpå för extra smak och dekoration.
l) Grädda bröden i den förvärmda ugnen i ca 20-25 minuter eller tills de är gyllenbruna och låter ihåliga när de knackas på botten.
m) Ta ut bröden ur ugnen och låt dem svalna på galler innan de skivas.

SPANSKA BRÖD

16.Pan Con Tomate

INGREDIENSER:

- 1 vitlöksklyfta (mosad)
- 1 matsked salt
- 4 medelstora tomater (riven för att ta bort skal och frön)
- 1 msk olivolja
- 1 limpa skivat bröd (osyrat eller fullkornsvete)

INSTRUKTIONER:

a) Rosta brödskivorna i 250 F tills varje skiva är brun på båda sidor.
b) Häll olivolja i en skål. Tillsätt salt i skålen. Blanda väl.
c) Bred pressad vitlöksjuice på det rostade brödet.
d) Bred ut den rivna tomatblandningen på brödet.
e) Fördela även oljan och saltblandningen på brödet.
f) Servera omedelbart

17. Pan Rustico

INGREDIENSER:
- 2 ¾ koppar vatten
- 5 tsk aktiv torrjäst
- 7 dl brödmjöl
- 1 matsked salt
- ¼ kopp olivolja, gärna extra virgin
- Majsmjöl för att strö bakplåtspapper

INSTRUKTIONER:

a) Strö jästen över lätt varmt (95 graders) vatten i en liten skål eller måttbägare. Rör om lätt. Låt sitta i 10 minuter.

b) Mät upp mjölet och lägg i skålen på en köksmixer med en degkrok påsatt. Om du gör för hand, lägg mjölet i en stor blandningsskål.

c) Slå på mixern, tillsätt salt till mjölet och låt blandas. Ringla långsamt ner olivoljan i mjölet medan mixern är igång. Om du gör för hand, använd en visp.

d) Ringla långsamt i jäst- och vattenblandningen. Låt degen knådas i maskin i 4 minuter.

e) Om du gör för hand, kombinera mjölet med jäst- och vattenblandningen med en träslev, vänd sedan ut degen på en mjölad yta och knåda i 5 minuter.

f) Efter knådning ska du ha en smidig, spänstig deg som studsar tillbaka lätt när du trycker med fingret. Kontrollera konsistensen på degen under knådningsprocessen. Om degen är klibbig, tillsätt upp till ½ kopp ytterligare mjöl.

g) Täck degen i skålen med vaxat papper som har sprayats med matlagningsspray, sedan med en kökshandduk. Låt jäsa i 1 timme eller tills det fördubblats.

h) Knåda den jästa degen för hand på mjölad yta i cirka en minut för att få bort luft. Forma degen till 2 lika stora bollar och lägg på en 15-tums bakplåt som har ströats rikligt med majsmjöl.

i) Täck bröden igen med vaxat papper och en kökshandduk och låt jäsa en andra gång i 20-25 minuter eller tills de är dubbelt så stora. Värm under tiden ugnen till 425 grader.

j) Grädda bröden i 23-25 minuter eller tills de fått färg. Grädda 5 minuter längre för en krispigare skorpa.

18.Pan De Payés

INGREDIENSER:
- 4 dl brödmjöl
- 1 ½ tsk salt
- 2 tsk aktiv torrjäst
- 2 koppar varmt vatten

INSTRUKTIONER:
a) Blanda brödmjölet och saltet i en stor bunke.
b) I en separat liten skål, lös upp jästen i varmt vatten och låt den sitta i några minuter tills den blir skum.
c) Häll jästblandningen i mjölblandningen och blanda tills en shaggy deg bildas.
d) Lägg över degen till en lätt mjölad yta och knåda i cirka 10 minuter, eller tills degen blir smidig och elastisk.
e) Lägg tillbaka degen i mixerbunken, täck med en ren kökshandduk eller plastfolie och låt den jäsa på en varm plats i cirka 1-2 timmar, eller tills den har fördubblats i storlek.
f) När degen har jäst, slå försiktigt ner den för att släppa eventuella luftbubblor. Forma degen till en rund eller oval limpa.
g) Lägg den formade degen på en plåt klädd med bakplåtspapper eller en smord ugnsform. Täck den med en kökshandduk och låt den jäsa igen i ca 1 timme, eller tills den har ökat något.
h) Värm ugnen till 450°F (230°C).
i) Strax innan gräddning, pudra lätt toppen av degen med mjöl och gör några snitt på ytan med en vass kniv.
j) Grädda brödet i den förvärmda ugnen i cirka 25-30 minuter, eller tills skorpan är gyllenbrun och brödet låter ihåligt när du knackar på botten.
k) Ta ut brödet ur ugnen och låt det svalna på galler innan det skivas och serveras.

19.Pan Gallego

INGREDIENSER:
FÖR LEVAIN-BYGGNINGEN
- 3½ teskedar mogen förrätt
- 3½ teskedar brödmjöl
- 1¾ teskedar fullkornsvetemjöl
- 1¾ teskedar helt rågmjöl
- 6 matskedar + 2 teskedar ljummet vatten (100 grader F)

SLUTLIG DEG
- 3¼ koppar brödmjöl
- 4½ matskedar helt rågmjöl
- 1¾ koppar vatten, rumstemperatur
- 7 matskedar + 1 tesked av levain
- 2 tsk salt

INSTRUKTIONER:
ATT FÅ LEVAIN ATT BYGGA
a) Blanda levainingredienserna i en medelstor skål. Rör om, täck med plastfolie och låt vila i rumstemperatur i fyra timmar.

b) Använd omedelbart eller ställ levain i kylen i upp till 12 timmar för att använda nästa dag.

ATT GÖRA DEN SISTA DEGEN
c) Blanda mjölet och 325 gram av vattnet. Tillsätt 50 gram mer av vattnet och blanda, täck över och ställ åt sidan för att vila i 45 minuter.

d) Tillsätt levain och 25 gram mer vatten och rör om för att kombinera. Täck och låt sitta i 1 timme.

e) Tillsätt saltet och 25 gram av vattnet i degen och använd fingrarna för att nypa och pressa ner saltet i degen för att lösas upp.

f) När saltet har löst sig, sträck ut och vik ihop degen flera gånger. Täck över och låt vila i 30 minuter.

g) Sträck ut och vik ihop degen igen. Täck och låt bulken jäsa i fyra timmar.

h) Forma degen till en boule och låt stå i 15 minuter. Spänn upp limpan och lägg den i en handduksfodrad banneton, söm uppåt och täck med oljad plastfolie.

i) Jäsa brödet i rumstemperatur i 2 till 3 timmar.

j) Flytta brödet till kylen och jäs i ytterligare 8 till 10 timmar.
k) Ta ut brödet från kylen.
l) Låt limpan komma till rumstemperatur, ca 2 timmar.
m) Värm ugnen till 475 grader F med en holländsk ugn på mitten av gallret.
n) Vänd ut degen på en bit bakplåtspapper, sy ihop med sidan nedåt. Ta tag i toppen av degen med handen och dra upp den så långt du kan. Vrid runt den och forma den till en knut. Låt det lägga sig tillbaka på toppen av degen.
o) Använd en vass kniv och skär försiktigt fyra jämnt fördelade vinkelräta skåror i degen för att ge den lite utrymme att expandera.
p) Lyft upp degen med bakplåtspapper i den förvärmda holländska ugnen, täck över och ställ in brödet i ugnen. Grädda i 15 minuter. Sänk ugnen till 425 grader F.
q) Ta av locket och grädda i ytterligare 15 till 20 minuter tills brödet har nått en innertemperatur på 205 grader F.
r) Kyl helt på galler.

20. Pankubansk o

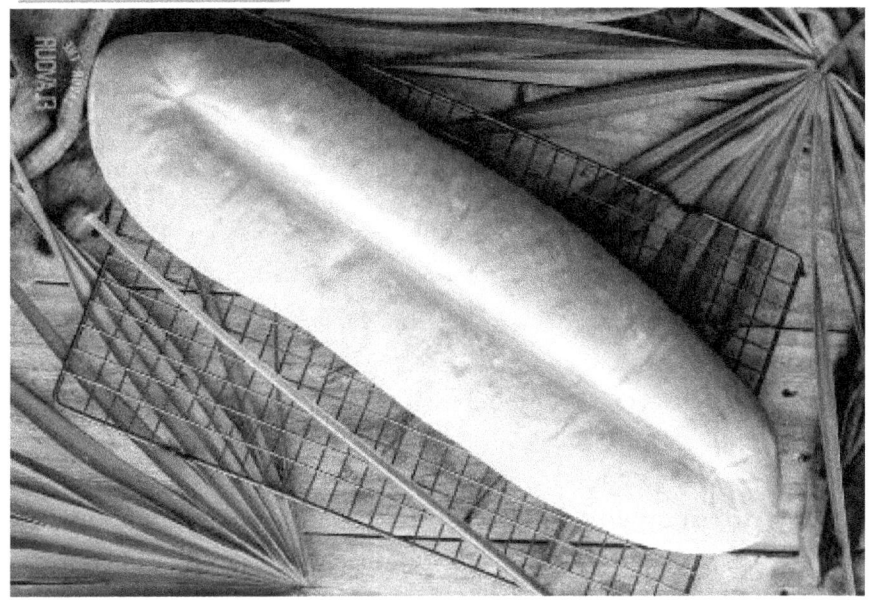

INGREDIENSER:
- 3 paket aktiv torrjäst majsmjöl
- 4 tsk farinsocker
- 2 koppar vatten
- ¾ kopp varmt vatten
- 5-6 koppar brödmjöl, delat
- 1 msk salt

INSTRUKTIONER:

a) Skaffa en mixerskål: Rör ner jäst, farinsocker och varmt vatten i den. Låt det sitta i 11 min.
b) Tillsätt saltet med 3 till 4 koppar mjöl. Blanda dem tills du får en mjuk deg.
c) Lägg degen på mjölat underlag. Knåda den i 9 till 11 min.
d) Smörj en skål och lägg degen i den. Täck den med en plastfolie. Låt vila i 46 min i 1 timme.
e) När tiden är ute, knåda degen i 2 min. Forma den till 2 bröd.
f) Strö lite majsmjöl på en bakplåt. Lägg bröden i den och täck dem med en kökshandduk.
g) Låt dem sitta i 11 min. Använd en pizzaskärare till en kniv för att göra två snitt på toppen av varje bröd.
h) Innan du gör något, förvärm ugnen till 400 F.
i) Sätt in brödformen i ugnen. Låt dem koka i 32 till 36 minuter tills de blir gyllenbruna.
j) Låt bröden svalna helt. Servera dem med vad du vill.
k) Njut av.

21.Pan De Alfacar

INGREDIENSER:
- 4 koppar universalmjöl
- ½ kopp strösocker
- 2 msk färsk jäst
- 1 kopp varmt vatten
- ½ kopp olivolja
- 1 tsk salt
- Skal av 1 citron
- Pulversocker, för att pudra

INSTRUKTIONER:

a) I en liten skål, lös upp jästen i varmt vatten och låt den sitta i ca 5 minuter tills den blir skum.

b) I en stor blandningsskål, kombinera mjöl, socker, salt och citronskal. Gör en brunn i mitten och häll i jästblandningen och olivolja.

c) Blanda ihop ingredienserna tills en deg bildas. Du kan använda en träslev eller händerna för att knåda degen. Om degen känns för torr, tillsätt lite varmare vatten, en matsked i taget, tills den går ihop.

d) Lägg över degen på en ren, lätt mjölad yta och knåda den i cirka 10 minuter tills den blir slät och elastisk.

e) Lägg degen i en smord skål och täck den med en ren kökshandduk eller plastfolie. Låt degen jäsa på en varm plats i ca 1 till 2 timmar tills den har fördubblats i storlek.

f) Värm ugnen till 180°C (350°F). Smörj en plåt eller klä den med bakplåtspapper.

g) När degen har jäst, slå ner den för att släppa eventuella luftbubblor. Överför degen till den förberedda bakplåten och forma den till en rund limpa.

h) Täck brödet med en kökshandduk och låt jäsa ytterligare 30 minuter.

i) Grädda Pan de Alfacar i den förvärmda ugnen i cirka 30 till 35 minuter eller tills den blir gyllenbrun och låter ihålig när den knackas på botten.

j) Ta ut brödet från ugnen och låt det svalna på galler.

k) När Pan de Alfacar har svalnat, pudra den generöst med strösocker innan servering.

22.Pan Cateto

INGREDIENSER:
- 4 dl fullkornsmjöl
- 2 tsk salt
- 1 ¼ koppar vatten
- 1 msk färsk jäst

INSTRUKTIONER:
a) Kombinera hela vetemjölet och saltet i en stor mixerskål.
b) I en separat liten skål, lös upp jästen i varmt vatten och låt den sitta i ca 5 minuter tills den blir skum.
c) Gör en brunn i mitten av mjölblandningen och häll i jästblandningen.
d) Blanda ihop ingredienserna tills en grov deg bildas.
e) Lägg över degen på en ren, lätt mjölad yta och knåda den i cirka 10 minuter tills den blir slät och elastisk. Du kan behöva tillsätta mer mjöl om degen är för kladdig.
f) Lägg degen i en smord skål och täck den med en ren kökshandduk eller plastfolie. Låt degen jäsa på en varm plats i ca 1 till 2 timmar tills den har fördubblats i storlek.
g) Värm ugnen till 220°C (425°F). Om du har en baksten eller bakplåt, ställ in den i ugnen för att förvärma också.
h) När degen har jäst, slå ner den för att släppa eventuella luftbubblor. Forma degen till en rund eller oval limpa, och lägg den på en bakplåtspappersklädd plåt eller på den förvärmda bakstenen.
i) Skär över toppen av degen med en vass kniv för att skapa dekorativa mönster eller för att hjälpa brödet att expandera under gräddningen.
j) Grädda pannan cateto i den förvärmda ugnen i cirka 30 till 40 minuter eller tills den utvecklar en gyllenbrun skorpa och låter ihålig när den knackas på botten.
k) Ta ut brödet ur ugnen och låt det svalna på galler innan det skivas och serveras.

23. Pan De Cruz

INGREDIENSER:
- 4 dl brödmjöl
- 2 tsk salt
- 2 tsk strösocker
- 2 ¼ teskedar aktiv torrjäst
- 1 ⅓ koppar varmt vatten
- Olivolja, för smörjning
- Valfritt: sesamfrön eller grovt salt att strö över

INSTRUKTIONER:
a) I en liten skål, lös upp sockret och jästen i varmt vatten. Låt det sitta i ca 5 minuter tills det blir skummande.
b) Blanda brödmjölet och saltet i en stor bunke. Gör en brunn i mitten och häll i jästblandningen.
c) Blanda ihop ingredienserna tills en deg bildas. Lägg över degen på en ren, lätt mjölad yta och knåda den i cirka 10 minuter tills den blir slät och elastisk. Tillsätt mer mjöl om det behövs för att förhindra att det fastnar.
d) Lägg degen i en smord skål och täck den med en ren kökshandduk eller plastfolie. Låt degen jäsa på en varm plats i ca 1 till 2 timmar tills den har fördubblats i storlek.
e) Värm ugnen till 220°C (425°F). Om du har en baksten eller bakplåt, ställ in den i ugnen för att förvärma också.
f) När degen har jäst, slå ner den för att släppa eventuella luftbubblor. Lägg över degen till en lätt mjölad yta och forma den till en rund eller oval limpa.
g) Använd en vass kniv eller degskrapa för att göra två djupa, skärande snedstreck på toppen av limpan för att bilda en korsform.
h) Valfritt: Strö sesamfrön eller grovt salt över toppen av limpan för extra smak och dekoration.
i) Överför det formade brödet på den förvärmda bakstenen eller bakplåten.
j) Grädda pan de cruz i den förvärmda ugnen i cirka 25 till 30 minuter eller tills den utvecklar en gyllenbrun skorpa och låter ihålig när du knackar på botten.
k) Ta ut brödet ur ugnen och låt det svalna på galler innan det skivas och serveras.

24.Pataqueta

INGREDIENSER:
- 4 dl brödmjöl
- 2 tsk salt
- 2 tsk strösocker
- 2 ¼ teskedar aktiv torrjäst
- 1 ⅓ koppar varmt vatten
- Olivolja, för smörjning
- Valfritt: sesamfrön eller grovt salt att strö över

INSTRUKTIONER:
a) I en liten skål, lös upp sockret och jästen i varmt vatten. Låt det sitta i ca 5 minuter tills det blir skummande.
b) Blanda brödmjölet och saltet i en stor bunke. Gör en brunn i mitten och häll i jästblandningen.
c) Blanda ihop ingredienserna tills en deg bildas. Lägg över degen på en ren, lätt mjölad yta och knåda den i cirka 10 minuter tills den blir slät och elastisk. Tillsätt mer mjöl om det behövs för att förhindra att det fastnar.
d) Lägg degen i en smord skål och täck den med en ren kökshandduk eller plastfolie. Låt degen jäsa på en varm plats i ca 1 till 2 timmar tills den har fördubblats i storlek.
e) Värm ugnen till 220°C (425°F). Om du har en baksten eller bakplåt, ställ in den i ugnen för att förvärma också.
f) När degen har jäst, slå ner den för att släppa eventuella luftbubblor. Dela degen i mindre delar, ungefär lika stora som en tennisboll.
g) Forma varje degdel till en rund eller oval form och lägg dem på en plåt klädd med bakplåtspapper.
h) Valfritt: Pensla toppen av pataquetas med vatten och strö över sesamfrön eller grovt salt för extra smak och dekoration.
i) Låt de formade rullarna jäsa i ytterligare 15 till 20 minuter.
j) Grädda pataquetas i den förvärmda ugnen i cirka 15 till 20 minuter eller tills de blir gyllenbruna.
k) Ta ut rullarna ur ugnen och låt dem svalna något innan servering.

25. Telera

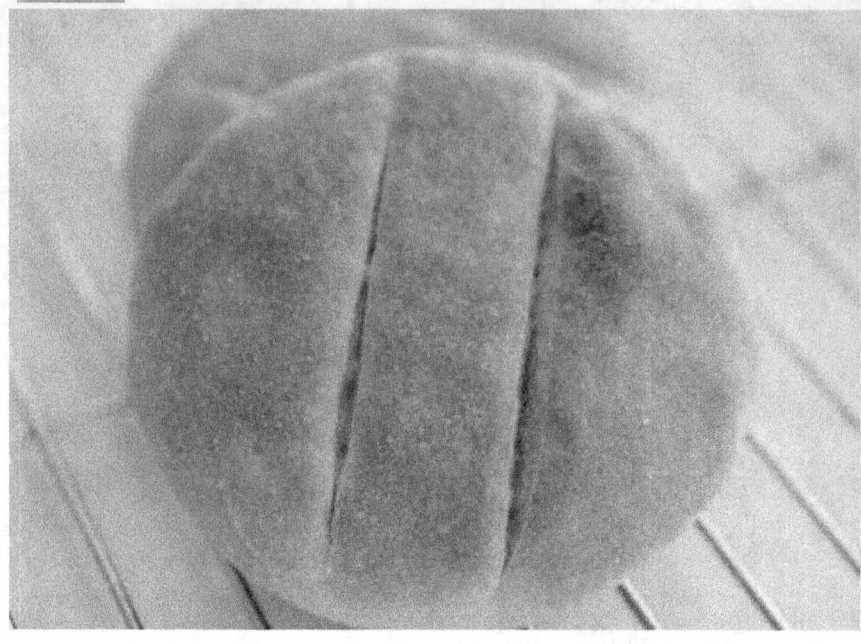

INGREDIENSER:
- 4 dl brödmjöl
- 2 tsk salt
- 2 tsk strösocker
- 2 ¼ teskedar aktiv torrjäst
- 1 ⅓ koppar varmt vatten
- 2 matskedar vegetabilisk olja
- Valfritt: majsmjöl eller mannagrynsmjöl för att pudra

INSTRUKTIONER:
a) I en liten skål, lös upp sockret och jästen i varmt vatten. Låt det sitta i ca 5 minuter tills det blir skummande.
b) Blanda brödmjölet och saltet i en stor bunke. Gör en brunn i mitten och häll i jästblandningen och vegetabilisk olja.
c) Blanda ihop ingredienserna tills en deg bildas. Lägg över degen på en ren, lätt mjölad yta och knåda den i cirka 10 minuter tills den blir slät och elastisk. Tillsätt mer mjöl om det behövs för att förhindra att det fastnar.
d) Lägg degen i en smord skål och täck den med en ren kökshandduk eller plastfolie. Låt degen jäsa på en varm plats i ca 1 till 2 timmar tills den har fördubblats i storlek.
e) Värm ugnen till 220°C (425°F). Om du har en baksten eller bakplåt, ställ in den i ugnen för att förvärma också.
f) När degen har jäst, slå ner den för att släppa eventuella luftbubblor. Lägg över degen till en lätt mjölad yta och forma den till en avlång eller oval limpa.
g) Lägg den formade degen på en bakplåtspappersklädd plåt. Om så önskas, strö lite majsmjöl eller semolinamjöl på bakplåtspappret för att förhindra att det fastnar och lägg till en rustik textur till skorpan.
h) Täck den formade degen med en ren kökshandduk och låt den jäsa i ytterligare 15 till 20 minuter.
i) Grädda telerabrödet i den förvärmda ugnen i cirka 15 till 20 minuter eller tills det blir gyllenbrunt och låter ihåligt när du knackar på botten.
j) Ta ut brödet från ugnen och låt det svalna på galler innan du skivar det och använder det till smörgåsar.

26.Llonguet

INGREDIENSER:
- 4 dl brödmjöl
- 2 tsk salt
- 2 tsk strösocker
- 2 ¼ teskedar aktiv torrjäst
- 1 ⅓ koppar varmt vatten
- 2 matskedar olivolja
- Valfritt: sesamfrön eller grovt salt till topping

INSTRUKTIONER:

a) I en liten skål, lös upp sockret och jästen i varmt vatten. Låt det sitta i ca 5 minuter tills det blir skummande.

b) Blanda brödmjölet och saltet i en stor bunke. Gör en brunn i mitten och häll i jästblandningen och olivolja.

c) Blanda ihop ingredienserna tills en deg bildas. Lägg över degen på en ren, lätt mjölad yta och knåda den i cirka 10 minuter tills den blir slät och elastisk. Tillsätt mer mjöl om det behövs för att förhindra att det fastnar.

d) Lägg degen i en smord skål och täck den med en ren kökshandduk eller plastfolie. Låt degen jäsa på en varm plats i ca 1 till 2 timmar tills den har fördubblats i storlek.

e) Värm ugnen till 220°C (425°F). Om du har en baksten eller bakplåt, ställ in den i ugnen för att förvärma också.

f) När degen har jäst, slå ner den för att släppa eventuella luftbubblor. Lägg över degen till en lätt mjölad yta och dela den i mindre portioner, ungefär lika stora som en tennisboll.

g) Forma varje del av degen till en avlång eller oval form, som liknar en liten baguette. Lägg de formade llonguetterna på en plåt klädd med bakplåtspapper, lämna lite utrymme mellan dem.

h) Valfritt: Pensla llonguets toppar med vatten och strö sesamfrön eller grovt salt ovanpå för extra smak och dekoration.

i) Låt de formade llonguetterna jäsa i ytterligare 15 till 20 minuter.

j) Grädda llonguetterna i den förvärmda ugnen i cirka 15 till 20 minuter eller tills de blir gyllenbruna och har en något knaprig skorpa.

k) Ta ut llonguetterna från ugnen och låt dem svalna på galler innan du använder dem till smörgåsar eller avnjuter dem på egen hand.

27.Boroña

INGREDIENSER:
- 4 dl brödmjöl
- 2 tsk salt
- 2 tsk strösocker
- 2 ¼ teskedar aktiv torrjäst
- 1 ⅓ koppar varmt vatten
- 2 matskedar olivolja
- Majsmjöl eller mannagrynsmjöl för att pudra

INSTRUKTIONER:

a) I en liten skål, lös upp sockret och jästen i varmt vatten. Låt det sitta i ca 5 minuter tills det blir skummande.

b) Blanda brödmjölet och saltet i en stor bunke. Gör en brunn i mitten och häll i jästblandningen och olivolja.

c) Blanda ihop ingredienserna tills en deg bildas. Lägg över degen på en ren, lätt mjölad yta och knåda den i cirka 10 minuter tills den blir slät och elastisk. Tillsätt mer mjöl om det behövs för att förhindra att det fastnar.

d) Lägg degen i en smord skål och täck den med en ren kökshandduk eller plastfolie. Låt degen jäsa på en varm plats i ca 1 till 2 timmar tills den har fördubblats i storlek.

e) Värm ugnen till 220°C (425°F). Om du har en baksten eller bakplåt, ställ in den i ugnen för att förvärma också.

f) När degen har jäst, slå ner den för att släppa eventuella luftbubblor. Lägg över degen till en lätt mjölad yta och forma den till en rund eller oval limpa.

g) Lägg den formade degen på en bakplåtspappersklädd plåt. Pudra toppen av limpan med majsmjöl eller mannagryn.

h) Täck degen med en ren kökshandduk och låt den jäsa i ytterligare 15 till 20 minuter.

i) Med en vass kniv gör du snitt eller skär på toppen av brödet för att skapa ett dekorativt mönster.

j) Grädda boroñabrödet i den förvärmda ugnen i cirka 30 till 35 minuter eller tills det blir gyllenbrunt och har en fast skorpa.

k) Ta ut brödet ur ugnen och låt det svalna på galler innan det skivas och serveras.

28. Pistola

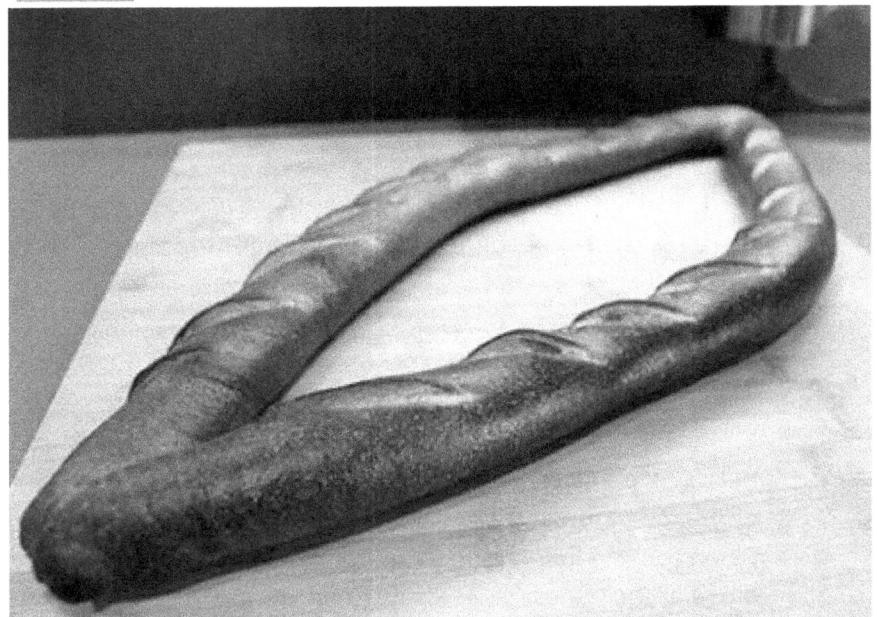

INGREDIENSER:

- 4 dl brödmjöl
- 2 tsk salt
- 2 tsk strösocker
- 2 ¼ teskedar aktiv torrjäst
- 1 ⅓ koppar varmt vatten
- Olivolja, för smörjning
- Valfritt: sesamfrön eller vallmofrön för topping

INSTRUKTIONER:

a) I en liten skål, lös upp sockret och jästen i varmt vatten. Låt det sitta i ca 5 minuter tills det blir skummande.

b) Blanda brödmjölet och saltet i en stor bunke. Gör en brunn i mitten och häll i jästblandningen.

c) Blanda ihop ingredienserna tills en deg bildas. Lägg över degen på en ren, lätt mjölad yta och knåda den i cirka 10 minuter tills den blir slät och elastisk. Tillsätt mer mjöl om det behövs för att förhindra att det fastnar.

d) Lägg degen i en smord skål och täck den med en ren kökshandduk eller plastfolie. Låt degen jäsa på en varm plats i ca 1 till 2 timmar tills den har fördubblats i storlek.

e) Värm ugnen till 220°C (425°F). Om du har en baksten eller bakplåt, ställ in den i ugnen för att förvärma också.

f) När degen har jäst, slå ner den för att släppa eventuella luftbubblor. Lägg över degen till en lätt mjölad yta och dela den i mindre portioner, ungefär lika stora som en stor rulle.

g) Forma varje degdel till en långsträckt rulle, som liknar en minibaguette eller en pistolform. Lägg de formade pistolrullarna på en plåt klädd med bakplåtspapper.

h) Valfritt: Pensla toppen av pistolarullarna med vatten och strö sesamfrön eller vallmofrön ovanpå för extra smak och dekoration.

i) Låt de formade rullarna jäsa i ytterligare 15 till 20 minuter.

j) Grädda pistolarullarna i den förvärmda ugnen i cirka 15 till 20 minuter eller tills de blir gyllenbruna och har en lite knaprig skorpa.

k) Ta ut rullarna ur ugnen och låt dem svalna på galler innan servering.

29. Regañao

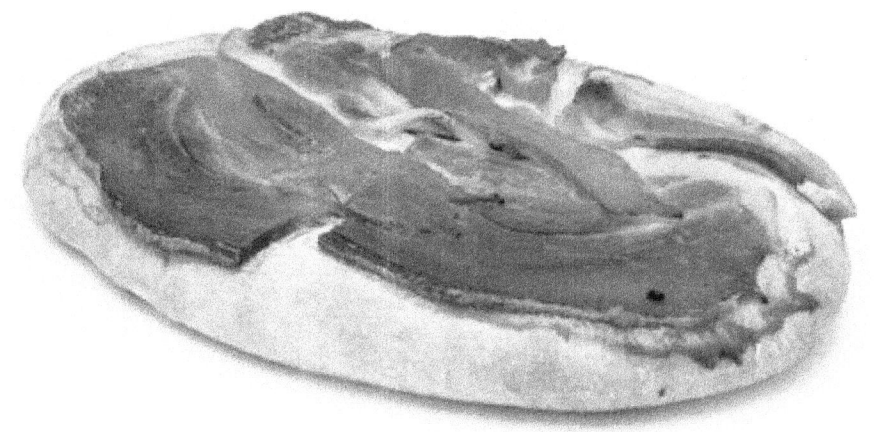

INGREDIENSER:
- 2 koppar universalmjöl
- 1 tsk salt
- 1 tsk paprika (valfritt, för smak)
- ½ kopp varmt vatten
- 2 matskedar olivolja
- Grovt salt att strö över

GARNERING
- Serranoskinka skivor (valfritt)

INSTRUKTIONER:

a) I en mixerskål, kombinera mjöl, salt och paprika (om du använder). Blanda väl så att ingredienserna fördelas jämnt.

b) Gör en brunn i mitten av de torra ingredienserna och häll i det varma vattnet och olivoljan.

c) Rör om blandningen med en sked eller händerna tills den går ihop till en deg.

d) Lägg över degen till en ren, lätt mjölad yta och knåda den i ca 5 minuter tills den blir slät och elastisk.

e) Dela degen i mindre delar och täck dem med en ren kökshandduk. Låt degen vila i ca 15-20 minuter för att slappna av gluten.

f) Värm ugnen till 200°C (400°F).

g) Ta en del av degen och kavla ut den så tunt som möjligt, sikta på en tjocklek på ca 1-2 millimeter. Du kan använda en kavel eller händerna för att platta ut degen.

h) Lägg över den utkavlade degen på en plåt klädd med bakplåtspapper. Upprepa processen med de återstående degportionerna, lägg dem på separata bakplåtar eller lämna tillräckligt med utrymme mellan varje regañaobröd.

i) Strö grovt salt över ytan av degen, tryck ner den lätt för att säkerställa att den fastnar.

j) Grädda regañaobrödet i den förvärmda ugnen i cirka 8-10 minuter eller tills det blir gyllenbrunt och krispigt. Håll ett öga på den eftersom den snabbt kan bli överbrun.

k) Ta ut bakplåtarna från ugnen och låt regañaobrödet svalna helt på galler.

l) När det svalnat är regañaobrödet redo att avnjutas, toppat med skinka.

30.Torta De Aranda

INGREDIENSER:
- 4 dl brödmjöl
- 300 milliliter varmt vatten
- 10 gram salt
- 10 gram färsk jäst (eller 5 gram aktiv torrjäst)
- Olivolja för smörjning

INSTRUKTIONER:
a) Blanda brödmjölet och saltet i en stor bunke.
b) Lös upp den färska jästen i varmt vatten. Om du använder aktiv torrjäst, lös den i en del av det varma vattnet och låt den aktiveras i cirka 5-10 minuter innan du fortsätter.
c) Gör en brunn i mitten av mjölblandningen och häll i jästblandningen. Tillsätt gradvis mjölet i vätskan, rör om med en träslev eller händerna tills en grov deg bildas.
d) Lägg över degen på en lätt mjölad yta och knåda den i ca 10-15 minuter, eller tills den blir slät och elastisk. Tillsätt små mängder mjöl om degen är för kladdig.
e) Forma degen till en rund boll och lägg tillbaka den i mixerbunken. Täck bunken med en ren kökshandduk och låt degen jäsa på en varm plats i ca 1-2 timmar, eller tills den har dubbelt så stor storlek.
f) Värm ugnen till 230°C (450°F).
g) När degen har jäst, slå försiktigt ner den för att släppa eventuella luftbubblor. Vänd ut den på en smord plåt eller pizzasten.
h) Tryck och platta ut degen med händerna till en skiva, ca 1-2 tum tjock. Gör flera diagonala snitt över toppen av degen för att skapa ett mönster.
i) Pensla ytan på degen med olivolja.
j) Placera bakplåten eller pizzastenen med degen i den förvärmda ugnen. Grädda i cirka 20-25 minuter, eller tills brödet är gyllenbrunt och låter ihåligt när du knackar på botten.
k) Ta ut Torta de Aranda ur ugnen och låt den svalna på galler innan den skivas och serveras.

31.Txantxigorri

INGREDIENSER:
- 4 dl brödmjöl
- 2 ¼ teskedar salt
- 1 msk färsk jäst
- 1 ⅓ koppar ljummet vatten
- Majsmjöl eller mannagryn, för att pudra

INSTRUKTIONER:
a) Blanda brödmjölet och saltet i en stor bunke.
b) Lös upp den färska jästen i ljummet vatten eller, om du använder aktiv torrjäst, aktivera den enligt anvisningarna på förpackningen.
c) Gör en brunn i mitten av mjölblandningen och häll i jästblandningen. Rör om ordentligt tills en deg börjar bildas.
d) Lägg över degen på en ren, lätt mjölad yta och knåda den i ca 10-15 minuter tills den blir slät och elastisk. Alternativt kan du använda en stående mixer med degkrokfäste för knådning.
e) Lägg degen i en smord skål och täck den med en ren kökshandduk eller plastfolie. Låt degen jäsa på en varm plats i ca 1 till 2 timmar tills den har fördubblats i storlek.
f) Värm ugnen till 220°C (425°F). Placera en baksten eller bakplåt inuti ugnen för att förvärma också.
g) När degen har jäst, slå ner den för att släppa eventuella luftbubblor. Forma degen till en rund limpa och lägg den på en plåt som är pudrad med majsmjöl eller mannagryn.
h) Använd en vass kniv eller ett rakblad för att göra dekorativa snedstreck eller markeringar på brödets yta, till exempel diagonala linjer eller ett kryssmönster. Detta ger Txantxigorri dess karakteristiska utseende.
i) För över brödet till den förvärmda ugnen och grädda i cirka 25-30 minuter, eller tills skorpan blir gyllenbrun och låter ihålig när du knackar på botten.
j) Ta ut Txantxigorri från ugnen och låt den svalna på galler innan den skivas och serveras.

32. Pan De Semillas

INGREDIENSER:
- 4 dl brödmjöl
- 2 ¼ teskedar aktiv torrjäst
- 1 tsk socker
- 1 tsk salt
- 1 ¼ koppar varmt vatten
- 2 matskedar olivolja
- Blandade frön (som solrosfrön, pumpafrön, sesamfrön, linfrön etc.) för toppning och blandning i degen

INSTRUKTIONER:

a) I en liten skål, lös upp sockret i varmt vatten. Strö jästen över vattnet och låt stå i ca 5 minuter tills den blir skum.

b) Blanda brödmjölet och saltet i en stor bunke. Gör en brunn i mitten och häll i jästblandningen och olivolja.

c) Blanda ihop ingredienserna tills en deg bildas. Lägg över degen till en mjölad yta och knåda den i ca 10 minuter tills den blir slät och elastisk. Tillsätt mer mjöl om det behövs för att förhindra att det fastnar.

d) Lägg degen i en smord skål, täck över den med en ren kökshandduk och låt den jäsa på en varm plats i ca 1 till 2 timmar tills den fördubblas i storlek.

e) Värm ugnen till 220°C (425°F).

f) När degen har jäst, slå ner den för att släppa eventuella luftbubblor. Överför degen till en lätt mjölad yta och knåda in de olika fröna, som solrosfrön, pumpafrön, sesamfrön eller linfrön. Tillsätt en näve eller fler frön och blanda in dem jämnt i degen.

g) Forma degen till en limpa eller dela den i mindre portioner för enskilda semlor.

h) Lägg den formade degen på en smord eller bakplåtspappersklädd plåt. Täck den med en kökshandduk och låt den jäsa i ytterligare 30 minuter.

i) Valfritt: Pensla toppen av limpan med vatten och strö över ytterligare frön för dekoration.

j) Grädda brödet i den förvärmda ugnen i cirka 30-35 minuter, eller tills skorpan är gyllenbrun och brödet låter ihåligt när du knackar på botten.

k) Ta ut brödet ur ugnen och låt det svalna på galler innan du skivar det.

33.Oreja

INGREDIENSER:
- 1 ark smördeg, tinat (inköpt eller hemgjord)
- Strösocker, för att strö över

INSTRUKTIONER:

a) Värm ugnen till den temperatur som anges på smördegsförpackningen eller runt 200°C (400°F).
b) Kavla ut smördegsarket på ett lätt mjölat underlag för att platta till det något.
c) Strö en rejäl mängd strösocker över hela ytan på smördegsarket.
d) Börja från ena kanten och rulla ihop smördegsarket hårt mot mitten. Upprepa med den andra kanten, rulla den mot mitten också. De två rullarna ska mötas i mitten.
e) Använd en vass kniv och skär den rullade smördegen i tunna skivor, cirka ½ tum tjocka.
f) Lägg den skivade smördegen på en plåt klädd med bakplåtspapper, lämna lite utrymme mellan varje skiva eftersom de expanderar under gräddningen.
g) Tryck försiktigt ner varje skiva med handflatan för att platta till den något.
h) Strö lite extra strösocker över toppen av varje skiva.
i) Grädda orejanerna i den förvärmda ugnen i cirka 12-15 minuter, eller tills de blir gyllenbruna och krispiga.
j) Ta ut orejanerna från ugnen och låt dem svalna på galler.

GREKISKT BRÖD

34.Lagana

INGREDIENSER:
- 4 koppar universalmjöl
- 1 msk aktiv torrjäst
- 1 tsk socker
- 1 tsk salt
- 2 matskedar olivolja
- 1 ½ dl ljummet vatten
- Sesamfrön att strö över

INSTRUKTIONER:

a) I en liten skål, lös upp sockret i ljummet vatten. Strö jästen över vattnet och låt stå i cirka 5 minuter, eller tills det skummar.

b) Kombinera mjöl och salt i en stor blandningsskål. Gör en brunn i mitten och häll i olivoljan och jästblandningen. Blanda med en träslev eller händerna tills degen börjar gå ihop.

c) Lägg över degen till en mjölad yta och knåda i ca 5-7 minuter, eller tills degen blir smidig och elastisk.

d) Lägg degen i en smord skål, täck med en ren kökshandduk och låt den jäsa på en varm plats i ca 1 timme, eller tills den har dubbelt så stor storlek.

e) Värm ugnen till 425°F (220°C). Klä en plåt med bakplåtspapper.

f) Stansa ner den jästa degen och lägg över den på mjölad yta. Dela degen i två lika stora delar.

g) Kavla ut varje del av degen till en rektangulär form, cirka ¼ tum tjock. Överför den tillplattade degen på den förberedda bakplåten.

h) Pensla lätt toppen av varje tunnbröd med vatten och strö sesamfrön över ytan.

i) Använd fingrarna och skapa fördjupningar över degen, gör ett mönster av linjer eller prickar.

j) Grädda laganatunnbrödet i den förvärmda ugnen i cirka 20-25 minuter, eller tills det är gyllenbrunt och knaprigt.

k) Ta ut ur ugnen och låt den svalna på galler innan du skivar och serverar.

35. Horiatiko Psomi

INGREDIENSER:
- 5 dl brödmjöl
- 2 tsk aktiv torrjäst
- 2 tsk salt
- 2 ½ dl ljummet vatten
- 2 matskedar olivolja

INSTRUKTIONER:
a) I en liten skål, lös upp jästen i ljummet vatten. Låt det sitta i cirka 5 minuter, eller tills det skummar.
b) Blanda brödmjölet och saltet i en stor bunke. Gör en brunn i mitten och häll i jästblandningen och olivolja. Blanda med en träslev eller händerna tills degen börjar gå ihop.
c) Lägg över degen till en mjölad yta och knåda i ca 10-15 minuter, eller tills degen blir smidig och elastisk.
d) Lägg degen i en smord skål, täck med en ren kökshandduk och låt den jäsa på en varm plats i ca 1-2 timmar, eller tills den har dubbelt så stor storlek.
e) När degen har jäst, slå ner den och forma den till en rund eller oval limpa.
f) Värm ugnen till 450°F (230°C). Sätt in en baksten eller en bakplåt på baksidan i ugnen för att förvärma också.
g) Lägg över den formade degen på en plåt klädd med bakplåtspapper eller ett bakplåtsskal pudrat med mjöl.
h) Använd en vass kniv och gör diagonala snedstreck på ytan av degen. Detta kommer att hjälpa brödet att expandera och bilda en rustik skorpa.
i) Lägg bakplåten med degen på den förvärmda bakstenen eller omvänd plåt i ugnen.
j) Grädda i cirka 30-35 minuter, eller tills brödet är gyllenbrunt och låter ihåligt när du knackar på botten.
k) Ta ut brödet ur ugnen och låt det svalna på galler innan det skivas och serveras.
l) Grekiskt bybröd (Horiatiko Psomi) är perfekt att njuta av med grekiska mezes, soppor, grytor eller helt enkelt doppat i olivolja. Det är ett gott och mättande bröd med en rustik charm. Njut av!

36. Ladeni

INGREDIENSER:
- 4 koppar universalmjöl
- 2 tsk aktiv torrjäst
- 1 tsk socker
- 1 tsk salt
- 2 matskedar olivolja
- 1 ½ dl ljummet vatten
- 4 medelstora tomater, skivade
- 1 medelstor rödlök, tunt skivad
- 1 kopp Kalamata-oliver, urkärnade och halverade
- 2 msk färsk oregano, hackad
- Salta och peppra efter smak
- Extra olivolja att ringla över

INSTRUKTIONER:
a) I en liten skål, lös upp sockret i ljummet vatten. Strö jästen över vattnet och låt stå i cirka 5 minuter, eller tills det skummar.
b) Kombinera mjöl och salt i en stor blandningsskål. Gör en brunn i mitten och häll i olivoljan och jästblandningen. Blanda med en träslev eller händerna tills degen börjar gå ihop.
c) Lägg över degen till en mjölad yta och knåda i ca 5-7 minuter, eller tills degen blir smidig och elastisk.
d) Lägg degen i en smord skål, täck med en ren kökshandduk och låt den jäsa på en varm plats i ca 1 timme, eller tills den har dubbelt så stor storlek.
e) Värm ugnen till 425°F (220°C). Klä en plåt med bakplåtspapper.
f) Slå ner den jästa degen och överför den till den förberedda bakplåten. Använd händerna, tryck och sträck ut degen till en rektangel eller oval form, cirka ½ tum tjock.
g) Ordna de skivade tomaterna, rödlöken och Kalamata-oliverna ovanpå degen. Strö över färsk eller torkad oregano, salt och peppar.
h) Ringla lite olivolja över toppingen.
i) Grädda i den förvärmda ugnen i ca 20-25 minuter, eller tills brödet är gyllenbrunt och genomstekt.
j) Ta ut ur ugnen och låt den svalna på galler innan du skivar och serverar.

37.Psomi Pita

INGREDIENSER:
- 3 koppar universalmjöl
- 1 tsk aktiv torrjäst
- 1 tsk socker
- 1 tsk salt
- 2 matskedar olivolja
- 1 dl ljummet vatten

INSTRUKTIONER:
a) I en liten skål, lös upp sockret i ljummet vatten. Strö jästen över vattnet och låt stå i cirka 5 minuter, eller tills det skummar.
b) Kombinera mjöl och salt i en stor blandningsskål. Gör en brunn i mitten och häll i olivoljan och jästblandningen. Blanda med en träslev eller händerna tills degen börjar gå ihop.
c) Lägg över degen till en mjölad yta och knåda i ca 5-7 minuter, eller tills degen blir smidig och elastisk. Tillsätt mer mjöl om det behövs för att förhindra att den fastnar, men undvik att tillsätta för mycket mjöl för att hålla degen mjuk.
d) Lägg degen i en smord skål, täck med en ren kökshandduk och låt den jäsa på en varm plats i ca 1-2 timmar, eller tills den har dubbelt så stor storlek.
e) När degen har jäst, slå ner den och överför den till en mjölad yta. Dela degen i 8 lika stora delar.
f) Rulla varje portion till en boll och platta till den med händerna. Använd en kavel och kavla ut varje del till en cirkel, cirka ¼ tum tjock.
g) Värm en non-stick stekpanna eller stekpanna på medelhög värme. Lägg ett utkavlat pitabröd på den varma stekpannan och stek i ca 1-2 minuter på varje sida, eller tills det blåser upp och får gyllenbruna fläckar.
h) Ta bort det kokta pitabrödet från stekpannan och slå in det i en ren kökshandduk för att hålla det mjukt och smidigt. Upprepa processen med de återstående degen.
i) Servera det grekiska pitabrödet varmt eller i rumstemperatur. Den kan användas för att göra smörgåsar, wraps eller rivas i bitar och doppas i såser eller pålägg.

38.Psomi Spitiko

INGREDIENSER:

- 4 koppar universalmjöl
- 2 tsk aktiv torrjäst
- 1 tsk socker
- 1 tsk salt
- 2 matskedar olivolja
- 1 ½ dl ljummet vatten

INSTRUKTIONER:

a) I en liten skål, lös upp sockret i ljummet vatten. Strö jästen över vattnet och låt stå i cirka 5 minuter, eller tills det skummar.

b) Kombinera mjöl och salt i en stor blandningsskål. Gör en brunn i mitten och häll i olivoljan och jästblandningen.

c) Blanda med en träslev eller händerna tills degen börjar gå ihop.

d) Lägg över degen till en mjölad yta och knåda i ca 5-7 minuter, eller tills degen blir smidig och elastisk.

e) Lägg degen i en smord skål, täck med en ren kökshandduk och låt den jäsa på en varm plats i ca 1-2 timmar, eller tills den har dubbelt så stor storlek.

f) När degen har jäst, slå ner den och överför den till en mjölad yta. Forma den till en rund limpa.

g) Värm ugnen till 425°F (220°C). Sätt in en baksten eller en bakplåt på baksidan i ugnen för att förvärma också.

h) Överför den formade degen på den förvärmda bakstenen eller den omvända plåten i ugnen.

i) Grädda i cirka 30-35 minuter, eller tills brödet är gyllenbrunt och låter ihåligt när du knackar på botten.

j) Ta ut brödet ur ugnen och låt det svalna på galler innan det skivas och serveras.

39.Koulouri Thessalonikis

INGREDIENSER:
- 4 koppar universalmjöl
- 2 tsk aktiv torrjäst
- 1 tsk socker
- 1 tsk salt
- 2 matskedar olivolja
- 1 ½ dl ljummet vatten
- ½ dl sesamfrön
- ¼ kopp varmt vatten (för sesamfröpasta)
- 2 msk olivolja (för sesamfröpasta)
- ½ tsk salt (för sesamfröpasta)

INSTRUKTIONER:

a) I en liten skål, lös upp sockret i ljummet vatten. Strö jästen över vattnet och låt stå i cirka 5 minuter, eller tills det skummar.

b) Kombinera mjöl och salt i en stor blandningsskål. Gör en brunn i mitten och häll i olivoljan och jästblandningen. Blanda med en träslev eller händerna tills degen börjar gå ihop.

c) Lägg över degen till en mjölad yta och knåda i ca 5-7 minuter, eller tills degen blir smidig och elastisk.

d) Lägg degen i en smord skål, täck med en ren kökshandduk och låt den jäsa på en varm plats i ca 1-2 timmar, eller tills den har dubbelt så stor storlek.

e) När degen har jäst, slå ner den och överför den till en mjölad yta. Dela degen i mindre delar och rulla varje del till en lång repform, cirka 12 tum lång.

f) Forma varje degrep till en ring, överlappa ändarna och nyp ihop dem för att täta.

g) Värm ugnen till 400°F (200°C). Klä en plåt med bakplåtspapper.

h) I en liten skål, blanda ihop sesamfrön, varmt vatten, olivolja och salt för att bilda en pasta.

i) Doppa varje brödring i sesamfröpastan, se till att täcka den väl på alla sidor. Tryck försiktigt ut sesamfröna på degen så att de fäster.

j) Placera de belagda brödringarna på den förberedda bakplåten, lämna lite utrymme mellan dem för expansion.

k) Grädda i den förvärmda ugnen i ca 20-25 minuter, eller tills brödringarna är gyllenbruna.

l) Ta ut ur ugnen och låt Koulouri Thessalonikis svalna på galler innan servering.

40. Artos

INGREDIENSER:
- 4 koppar universalmjöl
- 1 ½ tsk aktiv torrjäst
- 1 ½ dl varmt vatten
- 1 matsked socker
- 1 tsk salt
- Valfritt: sesamfrön eller annat pålägg för dekoration

INSTRUKTIONER:

a) I en liten skål, lös upp jästen och sockret i varmt vatten. Låt det sitta i ca 5 minuter, eller tills det blir skummande.

b) Kombinera mjöl och salt i en stor blandningsskål. Gör en brunn i mitten och häll i jästblandningen.

c) Tillsätt gradvis mjölet i vätskan, rör om med en träslev eller händerna, tills en mjuk deg bildas.

d) Lägg över degen till en mjölad yta och knåda den i ca 8-10 minuter, eller tills den blir slät och elastisk.

e) Lägg degen i en smord bunke, täck den med en ren kökshandduk och låt den jäsa på en varm plats i ca 1-2 timmar, eller tills den fördubblats i storlek.

f) När degen har jäst, slå ner den försiktigt för att släppa eventuella luftbubblor. Forma den till en rund eller oval limpa.

g) Överför det formade brödet på en plåt eller baksten. Om så önskas kan du dekorera brödets yta med sesamfrön eller annat pålägg.

h) Värm ugnen till 375°F (190°C). Medan ugnen förvärms, låt brödet vila och jäsa igen i ca 15-20 minuter.

i) Grädda brödet i den förvärmda ugnen i cirka 30-35 minuter, eller tills det blir gyllenbrunt och låter ihåligt när du knackar på botten.

j) När den är gräddad tar du ut artosen från ugnen och låter den svalna på galler.

41. Zea

INGREDIENSER:

- 2 koppar universalmjöl
- 1 kopp fullkornsmjöl
- 2 tsk aktiv torrjäst
- 1 tsk salt
- 1 ¼ koppar varmt vatten
- 2 matskedar olivolja
- Valfritt: Sesamfrön eller annat pålägg att strö över

INSTRUKTIONER:

a) I en liten skål, lös upp jästen i ¼ kopp varmt vatten. Låt det sitta i ca 5 minuter, eller tills det blir skummande.
b) Kombinera allsidigt mjöl, fullkornsmjöl och salt i en stor blandningsskål.
c) Gör en brunn i mitten av de torra ingredienserna och häll i jästblandningen, återstående varmt vatten och olivolja.
d) Rör ihop ingredienserna tills det bildas en ruggig deg.
e) Lägg över degen på en mjölad yta och knåda i ca 8-10 minuter, eller tills degen blir smidig och elastisk. Tillsätt lite mer mjöl om det behövs för att förhindra att det fastnar.
f) Lägg degen i en smord bunke, täck den med en ren kökshandduk och låt den jäsa på en varm plats i ca 1-2 timmar, eller tills den fördubblats i storlek.
g) Värm ugnen till 425°F (220°C). Klä en plåt med bakplåtspapper.
h) När degen har jäst, slå försiktigt ner den för att släppa eventuella luftbubblor. Dela degen i lika stora delar och forma varje del till långa, tunna brödpinnar.
i) Lägg brödpinnarna på den förberedda bakplåten, lämna lite utrymme mellan dem. Strö eventuellt sesamfrön eller annat önskat pålägg ovanpå.
j) Låt pinnarna vila och jäsa ytterligare 15-20 minuter.
k) Grädda brödpinnarna i den förvärmda ugnen i ca 15-20 minuter, eller tills de blir gyllenbruna och krispiga på utsidan.
l) När det är gräddat, ta ut Zea-brödet från ugnen och låt det svalna på ett galler.

42. Paximathia

INGREDIENSER:
- 4 koppar universalmjöl
- 1 kopp strösocker
- 1 tsk bakpulver
- ½ tesked bakpulver
- ½ tsk salt
- ½ tsk mald kanel
- 1 kopp olivolja
- ½ kopp apelsinjuice
- Skal av 1 apelsin
- ¼ kopp konjak eller ouzo (valfritt)
- Sesamfrön (för att strö över)

INSTRUKTIONER:
a) Värm ugnen till 350°F (175°C) och klä en plåt med bakplåtspapper.
b) I en stor bunke, vispa ihop mjöl, socker, bakpulver, bakpulver, salt och mald kanel tills det är väl blandat.
c) I en separat skål, vispa ihop olivolja, apelsinjuice, apelsinskal och konjak eller ouzo (om du använder).
d) Häll gradvis de våta ingredienserna i de torra ingredienserna under omrörning med en träslev eller händerna. Blanda tills en deg bildas. Om degen känns för torr kan du tillsätta lite mer apelsinjuice, en matsked i taget.
e) Lägg över degen till en mjölad yta och knåda den i några minuter tills den blir slät och väl blandad.
f) Dela degen i mindre delar. Ta en portion i taget och kavla ut den till en rektangel eller oval form, cirka ¼ tum tjock.
g) Skär den utrullade degen i mindre bitar eller remsor, ca 2-3 tum långa och 1 tum breda med hjälp av en kniv eller en konditori.
h) Lägg de skurna bitarna på den förberedda bakplåten, lämna lite utrymme mellan dem. Strö sesamfrön generöst ovanpå varje bit.
i) Grädda Paximathia i den förvärmda ugnen i cirka 20-25 minuter, eller tills de blir gyllenbruna och krispiga runt kanterna.

j) När de är gräddade, ta bort Paximathia från ugnen och låt dem svalna på plåten i några minuter. Lägg sedan över dem på ett galler för att svalna helt.

k) Förvara Paximathia i en lufttät behållare vid rumstemperatur.

l) De kommer att hålla sig fräscha i flera veckor.

43. Batzina

INGREDIENSER:
- 4 koppar universalmjöl
- 1 tsk aktiv torrjäst
- 1 tsk salt
- 2 matskedar olivolja
- 1 matsked honung
- 1 ¼ koppar varmt vatten

INSTRUKTIONER:

a) I en liten skål, kombinera det varma vattnet, honung och jäst. Rör om ordentligt och låt stå i ca 5 minuter tills jästen blir skummande.

b) Kombinera mjöl och salt i en stor blandningsskål. Gör en brunn i mitten och häll i olivoljan och jästblandningen.

c) Blanda ihop ingredienserna tills en deg börjar bildas. Lägg över degen till en lätt mjölad yta och knåda i ca 8-10 minuter tills degen blir smidig och elastisk.

d) Forma degen till en boll och lägg den i en smord skål. Täck bunken med en ren kökshandduk och låt degen jäsa på ett varmt ställe i ca 1-2 timmar tills den fördubblats i storlek.

e) Värm ugnen till 400°F (200°C). Klä en plåt med bakplåtspapper.

f) När degen har jäst, slå ner den för att släppa eventuella luftbubblor. Överför degen till den förberedda bakplåten.

g) Använd händerna och platta ut degen till en cirkulär form, cirka ½ tum tjock.

h) Använd en kniv och skär toppen av degen i ett kors- eller diamantmönster.

i) Ringla lite olivolja över brödet och fördela det jämnt.

j) Grädda i den förvärmda ugnen i ca 25-30 minuter, eller tills brödet blir gyllenbrunt ovanpå.

k) När det är gräddat tar du ut Batzina-brödet från ugnen och låter det svalna på galler.

44.Psomi Tou Kyrion

INGREDIENSER:
- 2 dl fullkornsmjöl
- 1 kopp universalmjöl
- ½ kopp rågmjöl
- 1 ½ tsk aktiv torrjäst
- 1 ½ tsk salt
- 1 ½ dl varmt vatten
- 2 matskedar olivolja
- 1 matsked honung (valfritt)
- Ytterligare mjöl för att pudra

INSTRUKTIONER:

a) I en liten skål, kombinera det varma vattnet och honung (om du använder). Rör om väl för att lösa upp honungen, strö sedan jästen över blandningen. Låt stå i ca 5 minuter tills jästen blir skum.

b) I en stor blandningsskål kombinerar du fullkornsmjölet, universalmjölet, rågmjölet och saltet. Gör en brunn i mitten och häll i olivoljan och jästblandningen.

c) Blanda ihop ingredienserna tills en deg börjar bildas. Lägg över degen till en lätt mjölad yta och knåda i ca 10-12 minuter tills degen blir smidig och elastisk.

d) Forma degen till en boll och lägg den i en smord skål. Täck bunken med en ren kökshandduk och låt degen jäsa på ett varmt ställe i ca 1-2 timmar tills den fördubblats i storlek.

e) Värm ugnen till 425°F (220°C). Placera en baksten eller en bakplåt upp och ner i ugnen för att förvärma också.

f) När degen har jäst, slå ner den för att släppa eventuella luftbubblor. Lägg över degen till en mjölad yta och forma den till en rund eller oval limpa.

g) Lägg brödet på en plåt eller en bit bakplåtspapper. Pudra toppen av limpan med lite mjöl och skär den med en vass kniv för att skapa dekorativa snitt.

h) För försiktigt över brödet på den förvärmda bakstenen eller bakplåten. Grädda i cirka 30-35 minuter eller tills brödet blir gyllenbrunt och låter ihåligt när du knackar på botten.

i) När den är gräddad, ta bort Psomi tou kyrion från ugnen och låt den svalna på galler innan den skärs upp.

45.Xerotigana

INGREDIENSER:
FÖR DEGEN:
- 4 koppar universalmjöl
- ½ tsk bakpulver
- ½ tsk salt
- ½ kopp apelsinjuice
- ¼ kopp olivolja
- ¼ kopp vitt vin
- 1 matsked strösocker
- 1 tsk mald kanel

FÖR SIRAPEN:
- 2 koppar honung
- 1 kopp vatten
- 1 kanelstång
- Skal av 1 apelsin

INSTRUKTIONER:
a) Vispa ihop mjöl, bakpulver, salt, socker och mald kanel i en stor bunke.
b) I en separat skål, kombinera apelsinjuice, olivolja och vitt vin.
c) Häll gradvis den flytande blandningen i de torra ingredienserna under konstant omrörning tills en mjuk deg bildas.
d) Lägg över degen till en lätt mjölad yta och knåda i ca 5-7 minuter tills den blir slät och elastisk.
e) Dela degen i små delar och täck dem med en fuktig trasa för att förhindra uttorkning.
f) Ta en del av degen och kavla ut den till ett tunt ark, ca 1/8 tum tjockt.
g) Skär den rullade degen i remsor, cirka 1-2 tum breda och 6-8 tum långa.
h) Ta varje remsa och knyt den till en lös knut, skapa en vriden form. Upprepa denna process med de återstående degremsorna.
i) Värm vegetabilisk olja för stekning i en djup, tjockbottnad gryta till en temperatur av cirka 350°F (180°C).

j) Släpp försiktigt ner några bitar av den tvinnade degen i den heta oljan och stek dem tills de blir gyllenbruna på alla sidor. Undvik att överfulla potten; stek dem i omgångar om det behövs.

k) När de har stekts, ta bort Xerotigana från oljan med en hålslev och överför dem till en pappershandduksklädd plåt för att rinna av överflödig olja.

l) I en separat kastrull, kombinera honung, vatten, kanelstång och apelsinskal. Värm blandningen på medelvärme tills den kokar upp. Sänk värmen och låt det puttra i ca 5 minuter.

m) Ta bort kanelstången och apelsinskalet från sirapen.

n) Medan sirapen fortfarande är varm, doppa den stekta Xerotiganaen i sirapen och täck dem helt. Låt dem dra i några minuter, överför dem sedan till ett galler för att svalna och låt överflödig sirap droppa av.

o) Upprepa doppningsprocessen med den återstående Xerotigana, se till att de är helt belagda med honungssirap.

FRANSKT BRÖD

46.Baguette

INGREDIENSER:
- 1¾ koppar vatten, vid rumstemperatur, uppdelat
- 2 tsk snabbjäst, uppdelad
- 5 koppar minus 1½ msk brödmjöl (eller T55-mjöl), delat
- 1 matsked kosher salt

INSTRUKTIONER:
GÖR EN PÂTE FERMENTÉE:
a) I en medelstor skål, rör ihop ½ kopp vatten med en nypa jäst. Tillsätt 1¼ koppar mjöl och 1 tesked salt. Rör om tills en ruggig deg går ihop. Vänd upp degen på din bänk och knåda tills den är väl blandad, 1 till 2 minuter.
b) Lägg tillbaka degen i skålen, täck med en handduk och ställ åt sidan i 2 till 4 timmar i rumstemperatur eller kyl över natten. Den ska dubbla storleken.

GÖR DEGEN:
c) Tillsätt de återstående 1¼ kopparna vatten och återstående jäst till patéfermentéen, använd fingrarna för att bryta upp degen till vätskan. Tillsätt de återstående 3⅔ kopparna mjöl och de återstående 2 tsk salt. Blanda tills en shaggy deg bildas, ca 1 minut.
d) Vänd ut degen på en ren bänk och knåda i 8 till 10 minuter tills den är slät, stretchig och smidig. Om du knådar för hand, motstå lusten att lägga till mer mjöl; degen blir naturligtvis mindre kladdig när du bearbetar den.
e) Sträck ut degen för att kontrollera om glutenutvecklingen är korrekt. Om den går sönder för snabbt och känns sträv, fortsätt att knåda tills den är slät och smidig.
f) Om du knådar för hand, lägg tillbaka degen i skålen. Täck med en handduk och ställ åt sidan i 1 timme eller tills den är dubbelt så stor.
g) Forma och grädda: Mjöla lätt din bänk och använd en plastbänkskrapa för att lossa degen från bunken. Använd en bänkskrapa av metall för att dela degen i fyra lika stora delar (ca 250 gram vardera). Täck med en handduk och vila i 5 till 10 minuter.
h) Arbeta med en sektion i taget, använd fingertopparna för att försiktigt trycka degen till en grov rektangel. Vik den övre

fjärdedelen ner till mitten, vik sedan den nedre fjärdedelen upp till mitten så att de möts. Tryck lätt längs sömmen för att fästa.

i) Vik den övre halvan av degen över den nedre halvan för att skapa en stock. Använd hälen på handen eller fingertopparna för att täta sömmen. Se till att din bänk är lätt mjölad. Du vill inte ha för hårt tryck på degen, men du vill inte heller att den ska glida istället för att rulla. Om degen glider, borsta bort överflödigt mjöl och blöt händerna lätt.

j) Vänd försiktigt degen så att sömmen är på botten, och använd händerna för att gunga ändarna på brödet fram och tillbaka för att skapa en fotbollsform. Arbeta sedan händerna från mitten av brödet ut mot kanterna för att förlänga det till 12 till 14 tum. Upprepa med de återstående avsnitten.

k) Lägg en linnehandduk på en bakplåt. Pudra den med mjöl och vik ena änden för att skapa en kant. Placera en baguette bredvid denna veck. Vik handduken längs den andra sidan för att skapa ett dedikerat utrymme för baguetten att höja sig. Lägg ytterligare en baguette bredvid och skapa ytterligare ett veck. Upprepa med resterande baguetter.

l) Täck med en handduk och ställ åt sidan för att jäsa i 1 timme.

m) Efter 30 minuters jäsning, förvärm ugnen till 475°F. Ställ en baksten på mitten av gallret. Klä en platt plåt med bakplåtspapper (vänd bakplåten och arbeta på baksidan om du använder en baksten).

n) Kontrollera baguetterna genom att peta i degen. Den ska springa tillbaka något, lämna ett indrag och kännas som en marshmallow.

o) När baguetterna är klara att baka, lyft försiktigt och överför dem till den förberedda bakplåten, placera dem 2 tum från varandra. Se till att inte tömma baguetterna när du överför dem.

p) Håll ett halt eller ett rakblad i en 30-graders vinkel, snabbt men lätt rita fem streck diagonalt över toppen av baguetterna, cirka ¼ tum djupt och 2 tum från varandra. Mellan bröden, doppa bladet i vatten för att frigöra eventuell klibbig deg.

q) Sätt in bakplåten i ugnen, eller, om du använder en baksten, skjut bakplåtspappret från plåten på bakstenen.

r) Spritsa bröden med vatten 4 eller 5 gånger totalt och stäng ugnsluckan. Spraya igen efter 3 minuters bakning och igen efter ytterligare 3 minuter, arbeta snabbt varje gång för att inte tappa ugnsvärmen.

s) Grädda i 24 till 28 minuter totalt, tills bröden är djupt gyllenbruna.

t) Överför bröden till ett galler i 15 till 20 minuter innan de skärs.

47.Baguetter Au Levain

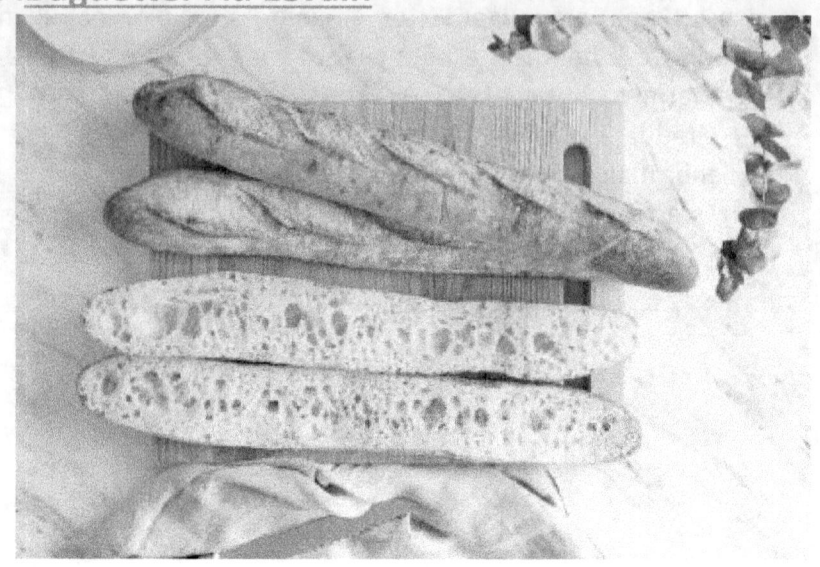

INGREDIENSER:
- 1¼ kopp förrätt, i rumstemperatur.
- ¼ kopp vatten
- 2 tsk olivolja
- 2½ dl brödmjöl
- ¾ tesked salt
- 1½ msk socker
- 2 tsk Jäst

INSTRUKTIONER:

a) Ta ut förrätten ur kylen kvällen innan du börjar bröd. Foderstartare och låt den komma till rumstemperatur medan den smälter utfodringen. Lägg ingredienserna i pannan i den ordning som anges. Ställ in för deg, tryck på start.

b) När cykeln är klar, ta bort degen, krama ur gaser, lägg i en skål, täck med en fuktig kökshandduk och låt vila i 30 minuter.

c) Strö majsmjöl på bänken, forma degen till 2 tunna cylindrar, lägg bröden i baguetteform, täck med en kökshandduk och låt jäsa i kylen 12 till 24 timmar.

d) Ta ut från kylen, strö över vatten och låt stå tills den är helt jäst. Strö över vatten igen och grädda i vanlig ugn vid 375 F i 30 minuter eller tills det är brunt och knaprigt. För riktigt knaprigt bröd, spraya med vatten var 5:e minut medan du bakar!

48. Pain d'Épi

INGREDIENSER:

- 1¾ koppar vatten, vid rumstemperatur, uppdelat
- 2 tsk snabbjäst, uppdelad
- 5 koppar minus 1½ msk brödmjöl (eller T55-mjöl), delat
- 1 matsked kosher salt

INSTRUKTIONER:

a) Gör en patéfermenté: I en medelstor skål, rör ihop ½ kopp vatten med en nypa jäst. Tillsätt 1¼ koppar mjöl och 1 tesked salt. Rör om tills en ruggig deg går ihop. Vänd upp degen på din bänk och knåda tills den är väl blandad, 1 till 2 minuter. Blandningen blir klibbig. Lägg tillbaka degen i skålen, täck med en handduk och ställ åt sidan i 2 till 4 timmar i rumstemperatur eller kyl över natten. Den ska dubbla storleken.

b) Gör degen: Tillsätt de återstående 1¼ kopparna vatten och återstående jäst till patéferment́een, använd fingrarna för att bryta upp degen till vätskan. Tillsätt de återstående 3⅔ kopparna mjöl och de återstående 2 tsk salt och blanda tills en ruggig deg bildas, cirka 1 minut.

c) Vänd ut degen på en ren bänk och knåda i 8 till 10 minuter (eller överför till en stående mixer och knåda i 6 till 8 minuter vid låg hastighet) tills den är slät, stretchig och smidig. Om du knådar för hand, motstå lusten att lägga till mer mjöl; degen blir naturligtvis mindre kladdig när du bearbetar den.

d) Sträck ut degen för att kontrollera om glutenutvecklingen är korrekt. Om den går sönder för snabbt och känns sträv, fortsätt att knåda tills den är slät och smidig.

e) Om du knådar för hand, lägg tillbaka degen i skålen. Täck med en handduk och ställ åt sidan i 1 timme eller tills den är dubbelt så stor.

f) Mjöla lätt din bänk och använd en plastbänkskrapa för att lossa degen från bunken. Använd en bänkskrapa av metall för att dela degen i fyra lika stora delar (ca 250 gram vardera). Täck med en handduk och vila i 5 till 10 minuter.

g) Arbeta med en sektion i taget, använd fingertopparna för att försiktigt trycka degen till en grov rektangel. Vik den övre fjärdedelen ner till mitten, vik sedan den nedre fjärdedelen upp till mitten så att de möts.

h) Tryck lätt längs sömmen för att fästa. Vik den övre halvan av degen över den nedre halvan för att skapa en stock. Använd hälen på handen eller fingertopparna för att täta sömmen.

i) Vänd försiktigt degen så att sömmen är på botten, och använd händerna för att gunga ändarna på brödet fram och tillbaka för att skapa en fotbollsform. Arbeta sedan händerna från mitten av brödet ut mot kanterna för att förlänga det till 12 till 14 tum. Upprepa med de återstående avsnitten.

j) Klä två bakplåtar med bakplåtspapper. Överför försiktigt två bröd till varje förberedd bakplåt, håll dem 4 till 5 tum från varandra.

k) Håll saxen i en 45-graders vinkel, skär i en baguette cirka 2 tum från änden (skär nästan hela vägen genom limpan, i ett svep, så saxspetsarna är bara cirka ⅛ tum från slutet av degen). Lägg genast men försiktigt biten till rät sida. Gör ett andra snitt ca 2 tum längs limpan och lägg degbiten till vänster. Upprepa, växelvis den sida som du flyttar degen till, tills du har skurit hela limpan.

l) Täck med handdukar och ställ åt sidan för att jäsa i 1 timme eller tills marshmallow har en konsistens. Om du petar i degen ska den fjädra tillbaka något och lämna ett indrag. Efter 30 minuters jäsning, förvärm ugnen till 475°F.

m) När bröden är klara att gräddas, sätt in bakplåtarna i ugnen. Spritsa bröden med vatten 4 eller 5 gånger totalt och stäng luckan. Spraya igen efter 3 minuters bakning och igen efter ytterligare 3 minuter, arbeta snabbt för att inte tappa ugnsvärmen. Grädda i totalt 24 till 28 minuter, rotera plåtarnas position halvvägs genom bakningen för jämn brynning, tills bröden är djupt gyllenbruna.

n) Lägg över bröden på ett galler i 10 till 15 minuter innan de serveras.

49. Pain d'Épi Aux Herbes

INGREDIENSER:

- 1¼ koppar varmt vatten, delat
- 0,63-ounce förpackning Instant surdegsjäst
- 4 dl brödmjöl, delat
- 2¾ teskedar koshersalt
- 1 tsk vitlökspulver
- 1 tsk hackad färsk rosmarin
- 1 tsk hackad färsk salvia
- 1 tsk hackad färsk timjan
- ½ tesked mald svartpeppar
- 1½ dl kokande vatten
- Örtad olivolja, att servera

INSTRUKTIONER:

a) Vispa ihop ¾ kopp (180 gram) varmt vatten och snabbsurdegsjäst för hand i skålen med en stavmixer med paddeltillbehöret tills det lösts upp. Tillsätt 1⅓ koppar (169 gram) mjöl och vispa på låg hastighet tills det blandas, cirka 30 sekunder. Täck över och låt jäsa på en varm, dragfri plats tills den fördubblats i storlek, 30 till 45 minuter.

b) Tillsätt salt, vitlökspulver, rosmarin, salvia, timjan, svartpeppar, återstående 2⅔ koppar (339 gram) mjöl och återstående ½ kopp (120 gram) varmt vatten till jästblandningen och vispa på låg hastighet tills degen går ihop, cirka 30 sekunder. Byt till degkrokfästet. Vispa på låg hastighet i 2 minuter.

c) Olja en stor skål lätt. Lägg degen i en skål, vänd på toppen. Täck över och låt stå på en varm, dragfri plats tills den är slät och elastisk, ca ½ timme, vänd var 30:e minut.

d) Vänd ut degen på en mycket lätt mjölad yta och dela på mitten. Klappa försiktigt ena halvan till en 9x4-tums rektangel; vik ena kortsidan över mitten tredje, nyp för att täta. Vik återstående tredjedel över den vikta delen, nyp för att försegla. Vänd på degen så att den är med sömssidan nedåt. Täck över och låt stå i 20 minuter. Upprepa med resterande hälften av degen.

e) Klä en kantad bakplåt med bakplåtspapper, låt överskottet sträcka sig något över sidorna av formen. Pudra kraftigt med mjöl.

f) Klappa försiktigt varje baguette till en 8x6-tums rektangel, en långsida närmast dig. Vik den övre tredjedelen av degen till mitten, tryck till för att försegla. Vik den nedre tredjedelen över den vikta delen, tryck för att försegla. Vik degen på mitten på längden så att långa kanter möts. Använd hälen på din hand och tryck hårt på kanterna för att täta. Rulla till en 15- till 16-tums stock med jämn tjocklek, avsmalnande ändar något.

g) Placera 1 stock på den förberedda pannan, med sömssidan nedåt, inbäddad mot ena långsidan av pannan. Dra upp och vik pergament för att skapa en vägg på motsatt sida av stocken. Placera kvarvarande stock på andra sidan av pergamentväggen, sömsidan nedåt. Upprepa dragnings- och vikningsprocessen med pergament för att bilda en vägg på motsatt sida av den andra stocken, och väg ner med en kökshandduk för att förhindra att pergament glider. Täck över och låt jäsa på en varm, dragfri plats tills den är lätt puffad, 45 till 50 minuter.

h) Placera en stor gjutjärnspanna på nedre delen av ugnen och en kantad bakplåt på mitten av gallret. Värm ugnen till 475°F.

i) Överför försiktigt degstockar till ett ark bakplåtspapper; Pudra topparna noga med mjöl. Använd en kökssax, gör ett snabbt, rent 45-graderssnitt cirka 1½ tum från slutet av 1 stock, skär cirka tre fjärdedelar av vägen igenom.

j) Vänd försiktigt degbiten åt sidan. Gör ett andra snitt 1½ tum från den första och vänd försiktigt degbiten till motsatt sida. Upprepa tills du når slutet av stocken, skapa en vete stjälkform. Upprepa proceduren med återstående stock.

k) Ta bort den förvärmda pannan från ugnen. Lägg försiktigt bakplåtspapper med deg på pannan och sätt tillbaka i ugnen. Häll försiktigt 1½ dl kokande vatten i den förvärmda stekpanna. Stäng omedelbart ugnsluckan.

l) Grädda tills de är gyllenbruna och en omedelbar termometer insatt i mitten visar 205°F (96°C), cirka 15 minuter. Låt svalna på plåt på galler.

m) Servera med örtig olivolja.

50. Fouée

INGREDIENSER:
- 1½ dl vatten i rumstemperatur
- 2 tsk snabbjäst
- 5 koppar minus 1½ msk universalmjöl (eller T55-mjöl)
- 1 matsked kosher salt
- Olja, för smörjning av bakplåt

INSTRUKTIONER:
a) Gör degen: Blanda vattnet och jästen i en skål och rör sedan ner mjöl och salt. Knåda för hand i 6 till 8 minuter (eller 4 till 6 minuter i en stående mixer på låg hastighet) tills den är väl kombinerad och slät. Om du arbetar i en mixer kan du behöva avsluta degen för hand, eftersom den är lite tung. Täck med en handduk eller plastfolie och ställ åt sidan i 1 timme eller tills den är dubbelt så stor. Detta kommer att variera beroende på din kökstemperatur.
b) Forma och grädda: Mjöla lätt din bänk och använd en plastbänkskrapa för att lossa degen från bunken. Använd en bänkskrapa av metall för att dela upp i 8 lika stora bitar, cirka 115 gram vardera.
c) Använd fingertopparna och dra kanterna på en degbit inåt, arbeta runt degen medurs tills alla kanter är vikta mot mitten.
d) Nyp lätt för att fästa. Du bör se degvecken mötas i mitten och skapar en söm. (Se till att inte knåda degen eller tömma den för aggressivt.)
e) Vänd varje varv. Kupa båda händerna runt basen, och använd bordets grepp, dra varven mot dig, roterande medan du går, för att dra åt sömmen. Upprepa med de återstående varven. Täck med en handduk och vila i 5 till 10 minuter.
f) Överför 4 rundlar till en liten tallrik, täck med en handduk eller plastfolie och överför till kylen. Täck över de återstående rundorna och vila i 5 till 10 minuter.

g) Värm ugnen till 475°F. Lägg en baksten eller oljad bakplåt på mitten av ugnen.
h) Pudra din bänk med mjöl och rulla de 4 ofrysta degrundorna till ¼-tums tjocka cirklar. Var noggrann med tjockleken: Deg som är för

tjock blöds inte, och de som är för tunna blir kex. Om degen krymper tillbaka medan du kavlar, täck över den, vila i ytterligare 10 minuter och försök sedan igen.

i) Skydda, utan lock, i 15 till 20 minuter eller tills den är lätt puffad. Kavla under tiden ut de 4 kylda rundlarna.

j) Placera snabbt och försiktigt de första 4 bitarna på bakstenen eller bakplåten, med ett avstånd på minst 2 tum från varandra. Grädda i 8 till 10 minuter tills de är puffade och lätt gyllenbruna i fläckar.

k) Ta ut ur ugnen, ställ in på ett galler och grädda de återstående bitarna när de är lätt uppblåsta och har vilat i 15 till 20 minuter.

l) Kyl i 5 till 10 minuter innan du delar och fyller på.

51. Fougasse

INGREDIENSER:

- 1¾ koppar vatten, vid rumstemperatur, uppdelat
- 2 tsk snabbjäst, uppdelad
- 5 koppar minus 1½ msk brödmjöl (eller T55-mjöl), delat
- 2 matskedar olivolja, plus mer för duggregn
- 1 matsked kosher salt, plus mer för strö

INSTRUKTIONER:

a) Gör en patéfermenté: I en skål, rör ihop ½ kopp vatten med en nypa jäst. Tillsätt 1¼ koppar mjöl och 1 tesked salt. Rör om tills en ruggig deg går ihop. Vänd upp degen på din bänk och knåda tills den är väl blandad, 1 till 2 minuter. Blandningen blir klibbig. Lägg tillbaka degen i skålen, täck med en handduk och ställ åt sidan i 2 till 4 timmar i rumstemperatur eller kyl över natten. Den ska dubbla storleken.

b) Gör degen: Tillsätt de återstående 1¼ kopparna vatten och återstående jäst till patéfermentéen, använd fingrarna för att bryta upp degen till vätskan. Tillsätt de återstående 3⅔ kopparna mjöl, oljan och de återstående 2 tsk salt och blanda tills en ruggig deg bildas, cirka 1 minut.

c) Vänd ut degen på en ren bänk och knåda i 8 till 10 minuter tills den är slät, stretchig och smidig. Om du knådar för hand, motstå lusten att lägga till mer mjöl; degen blir naturligtvis mindre kladdig när du bearbetar den.

d) Sträck ut degen för att kontrollera om glutenutvecklingen är korrekt. Om den går sönder för snabbt och känns sträv, fortsätt att knåda tills den är slät och smidig.

e) Om du knådar för hand, lägg tillbaka degen i skålen. Täck med en handduk och ställ åt sidan i 1 timme eller tills den är dubbelt så stor.

f) Forma och grädda: Mjöla lätt din bänk och använd en plastbänkskrapa för att lossa degen från bunken. Använd en bänkskrapa av metall för att dela degen i fyra lika stora delar (ca 250 gram vardera). Täck med en handduk och vila i 5 till 10 minuter. Klä två bakplåtar med bakplåtspapper.

g) Pudra bollarna med mjöl och platta ut var och en till en grov oval lite över ¼ tum tjock, använd först fingertopparna och sedan en kavel, om så önskas.

h) Använd en skalkniv som hålls i en 45-graders vinkel för att skära dekorativa linjer i degen. Se till att du skär hela vägen genom degen och placera snitten minst ½ tum från varandra.

i) Överför försiktigt två bröd till varje förberedd bakplåt, med ett par centimeters avstånd mellan dem. Sträck dem försiktigt för att se till att snitten förblir öppna under gräddningen.

j) Täck bröden med handdukar och ställ åt sidan för att jäsa i 30 till 45 minuter eller tills marshmallows har en konsistens. Om du petar i degen ska den fjädra tillbaka något och lämna ett indrag. Efter 15 minuters jäsning, förvärm ugnen till 475°F.

k) När bröden är klara att gräddas, sätt in bakplåtarna i ugnen. Spritsa bröden med vatten 4 eller 5 gånger och stäng luckan.

l) Spraya igen efter 3 minuters bakning och igen efter ytterligare 3 minuter, arbeta snabbt för att inte tappa ugnsvärmen. Grädda i 18 till 20 minuter totalt, tills bröden är djupt gyllenbruna, rotera plåtarnas position halvvägs genom bakningen för jämn brynning.

m) Ta ut plåtarna från ugnen och ställ åt sidan för att svalna något.

n) Ringla över olivolja och strö över salt innan servering.

52. Fougasse à l'Ail

INGREDIENSER:
- 2 dl brödmjöl
- 1 stor matsked jäst
- 1½ kopp varmt vatten
- Havssalt till garnering
- 1½ kilo mjöl
- 1½ msk salt
- 100 ml olivolja
- 1 msk jäst
- 1 msk Finhackad färsk vitlök
- 1 kopp varmt vatten; (cirka.)

INSTRUKTIONER:
a) För att göra förrätten, blanda ihop mjöl, jäst och vatten tills blandningen liknar en halvtjock smet. Låt stå täckt i en icke-reaktiv skål i upp till 3 dagar för att utveckla en härlig mogen smak.
b) Blanda förrätt, mjöl, salt, jäst, vitlök och hälften av oljan med cirka 1 kopp varmt vatten för att göra en mjuk deg.
c) Knåda på en mjölad yta tills degen är silkeslen, tillsätt mjöl vid behov tills degen inte längre är kladdig.
d) Låt degen jäsa i en oljad bunke tills den fördubblats, ca 2 timmar.
e) Dela degen i 6 eller 8 bitar och klappa till ovala formar ca 2 cm. tjock. Skär diagonala snitt i degen med en vass kniv och sträck sedan försiktigt för att öppna upp hålen. Pensla med valfri smaksatt olja och strö över havssalt.
f) Låt jäsa i 20 minuter och grädda sedan i 225c. i 15-20 minuter, spraya med vatten två gånger under gräddningen.
g) Ta ut ur ugnen och pensla en gång till med olivolja.

53.Fougasse Au Romarin

INGREDIENSER:
- ½ sats knaprigt bröd
- 3 matskedar Färsk rosmarin, hackad

INSTRUKTIONER:
a) Blanda degen.
b) Efter att degen har jäst i 1½ till 2 timmar kan den formas till en fougase. Lägg degen på en lätt mjölad yta och klappa den till en lång smal rektangel. Strö ett lager hackad rosmarin över ytan av degen, var noga med att täcka kanterna också.
c) Vik degen i tredjedelar som ett affärsbrev, den översta tredjedelen över mitten av degen, sedan den nedre tredjedelen över det, helt överlappande de två. Tryck fast de 3 öppna sidorna av fougasen ordentligt.
d) Täck brödet väl med plastfolie och låt jäsa tills det fördubblats i bulk, cirka 1 till 2 timmar.
e) Trettio minuter före bakning, förvärm ugnen till 475 grader F. Placera en baksten i ugnen för att förvärma och placera en ugnsgaller precis under stenen.
f) Strö ett skal eller en bakplåtspapper upp och ner generöst med majsmjöl och lägg fougassen ovanpå, sträck ut den något för att göra den till en fyrkant.
g) Skär ett dekorativt mönster, som ett löv eller en stege, i degen med en degfräs. Bred ut och sträck ut brödet tills snitten bildar stora öppningar.
h) Se till att fougassen lossnar från skalet och skjut sedan försiktigt in den på bakstenen. Använd en växtspruta, dimma snabbt brödet med vatten 8 till 10 gånger och stäng sedan ugnsdörren snabbt. Dimma igen efter 1 minut. Dimma sedan igen 1 minut senare.
i) Grädda i cirka 10 minuter, sänk sedan temperaturen till 450 grader och grädda 15 minuter längre eller tills limpan låter något ihålig när du knackar på botten och skorpan är en medium till mörkbrun.
j) Lägg över brödet till ett galler för att svalna i minst 30 minuter innan servering.

54. Pain De Campagne

INGREDIENSER:
- ¼ kopp surdegsförrätt eller patéfermenté (här)
- 1¼ koppar vatten, vid rumstemperatur
- 2¾ koppar plus 1 msk brödmjöl (eller T55 mjöl)
- ⅔ kopp rågmjöl (eller T170 mjöl)
- 1 matsked kosher salt

INSTRUKTIONER:

a) Gör degen: I en medelstor skål, rör ihop surdegsstarten, vatten, brödmjöl och rågmjöl. Tillsätt saltet och rör tills en ruggig deg går ihop.

b) Vänd degen på en ren bänk och knåda i 8 till 10 minuter tills den är slät, stretchig och smidig. Om du knådar för hand, motstå lusten att lägga till mer mjöl; degen blir naturligtvis mindre kladdig när du bearbetar den.

c) Sträck ut degen för att kontrollera om glutenutvecklingen är korrekt. Om den går sönder för snabbt och känns sträv i konsistensen, fortsätt att knåda tills den är slät och smidig.

d) Om du knådar för hand, lägg tillbaka degen i skålen. Täck med en handduk och ställ åt sidan i 1 till 3 timmar eller tills dubbel storlek.

e) Mjöla en banneton eller skål klädd med en handduk. Mjöla lätt din bänk och använd en plastbänkskrapa för att lossa degen från bunken.

f) Använd fingertopparna och dra degens kanter inåt, arbeta runt degen medsols tills alla kanter är vikta mot mitten. Nyp lätt för att fästa. Du bör se degvecken mötas i mitten och skapar en söm. Vänd på degen.

g) Mjöla den släta toppen av degen och lägg den runda, med sömssidan uppåt, i den förberedda korgen. För en limpa med ringmönster, ta bort fodret från jäskorgen och mjölet innan du lägger degen inuti.

h) Täck med en handduk och ställ åt sidan för att jäsa i 1 till 1½ timme tills den är lätt i konsistensen och fördubblad i volym. Om du petar i degen ska den fjädra tillbaka något och lämna ett indrag.

i) Efter 30 minuters jäsning, förvärm ugnen till 475°F med en baksten, bakplåt eller holländsk ugn (med lock) inuti för att värma upp när ugnen värms upp.

j) När limpan är klar att baka, vänd den försiktigt på en 10- till 12-tums fyrkant av bakplåtspapper. Håll en lam i 90 grader och använd snabba, lätta rörelser, sätt ett stort X i mitten av brödet, ¼ tum djupt.

k) Om du använder en plåt, vänd den jästa bröden på en plåt klädd med bakplåtspapper och sätt in i den förvärmda ugnen. Om du använder en baksten, skjut in bakplåtspappret med brödet på baksidan av en plåt, sedan från plåten till den uppvärmda bakstenen i ugnen.

l) Sänk ugnstemperaturen till 450°F, spritsa brödet med vatten 4 eller 5 gånger och stäng luckan. Spraya igen efter 3 minuters bakning, sedan igen efter ytterligare 3 minuter, arbeta snabbt varje gång för att inte tappa ugnsvärmen.

m) Grädda i totalt 25 till 30 minuter, tills skorpan är djupt gyllenbrun och en temperatursond insatt i mitten av brödet registrerar cirka 205 °F. Använd bakplåtspappret för att skjuta ut brödet ur ugnen och över på ett galler.

n) Om du använder en holländsk ugn eller cocotte: Ta bort grytan från ugnen, avtäck den och sänk ner brödet med bakplåtspapper.

o) Täck över och grädda i 20 minuter, ta sedan av locket och grädda i ytterligare 10 till 15 minuter tills limpan är djupt gyllenbrun. Använd bakplåtspapprets kanter som en slunga för att lyfta upp brödet ur grytan och upp på ett galler. (Det är onödigt att spritsa bröd gjorda i en holländsk ugn eller cocotte, eftersom den stängda grytan låter limpan ånga sig själv.)

p) Låt limpan sitta i 15 till 20 minuter innan du skär upp den.

55. Boule De Pain

INGREDIENSER:
- 1½ koppar vatten, vid rumstemperatur, delat
- 2 tsk snabbjäst, uppdelad
- 3¾ koppar brödmjöl (eller T55-mjöl), delat
- ¼ kopp fullkornsvetemjöl (eller T150 mjöl)
- 1 matsked kosher salt

INSTRUKTIONER:
GÖR EN POOLISK:
a) I en skål, rör ihop ¾ kopp plus 2 matskedar vatten med en nypa jäst. Tillsätt 1¾ koppar brödmjöl. Rör om tills en slät pasta bildas. Täck med en handduk och ställ åt sidan i 2 till 4 timmar i rumstemperatur eller kyl över natten. Den ska dubbla storleken.

GÖR DEGEN:
b) Tillsätt den återstående ⅔ koppen vatten och återstående jäst till poolishen, använd fingrarna för att bryta upp degen till vätskan. Tillsätt de återstående 2 kopparna brödmjöl, fullkornsmjölet och saltet och blanda tills en raggig deg bildas, cirka 1 minut. Vänd ut degen på en ren bänk och knåda i 8 till 10 minuter tills degen är slät, stretchig och smidig. Om du knådar för hand, motstå lusten att lägga till mer mjöl; degen blir naturligtvis mindre kladdig när du bearbetar den.

c) Sträck ut degen för att kontrollera om glutenutvecklingen är korrekt. Om den går sönder för snabbt och känns sträv, fortsätt att knåda tills den är slät och smidig.

d) Om du knådar för hand, lägg tillbaka degen i skålen. Täck med en handduk och ställ åt sidan i 1 timme eller tills den är dubbelt så stor.

e) Forma och grädda: Mjöla en bannetonformkorg eller en skål klädd med en handduk. Mjöla lätt din bänk och använd en plastbänkskrapa för att lossa degen från bunken.

f) Använd fingertopparna och dra degens kanter inåt, arbeta runt degen medsols tills alla kanter är vikta mot mitten. Nyp lätt för att fästa. Du bör se degvecken mötas i mitten och skapar en söm.

g) Vänd på degen. Kupa båda händerna runt basen, och använd bordets grepp, dra varven mot dig, roterande medan du går, för att dra åt sömmen. Mjöla den släta toppen och lägg den runda, med sömssidan uppåt, i den förberedda korgen eller skålen.

h) Täck med en handduk och ställ åt sidan för att jäsa i 1 till 1½ timme, tills den är lätt i konsistensen och fördubblad i volym. Om du petar i degen ska den fjädra tillbaka något och lämna ett indrag. Efter 30 minuters korrektur,

i) Värm ugnen till 475 ° F med en baksten, bakplåt eller holländsk ugn inuti för att värma upp när ugnen värms upp.

j) När limpan är klar att baka, vänd den försiktigt på en 10- till 12- tums fyrkant av bakplåtspapper. Använd en halt eller rakhyvel för att dekorativt måla med snabba, lätta rörelser.

k) Skjut den jästa limpan på bakplåtspapper på en plåt och sätt in i den förvärmda ugnen. Om du använder en baksten, skjut in bakplåtspappret med brödet på baksidan av en plåt, sedan från plåten till den uppvärmda bakstenen i ugnen. (Om du använder en holländsk ugn, hoppa till steg 12.)

l) Sänk ugnstemperaturen till 450°F, spritsa brödet med vatten 4 eller 5 gånger och stäng luckan. Spraya igen efter 3 minuters bakning och igen efter ytterligare 3 minuter, arbeta snabbt varje gång för att inte tappa ugnsvärmen. Grädda i 25 till 30 minuter totalt tills skorpan är djupt gyllenbrun och en temperatursond insatt i mitten av brödet registrerar cirka 200 °F. (Jag gillar att kontrollera temperaturen genom att föra in sonden i sidan av brödet, snarare än i toppen, så att hålet är diskret.) Skjut limpan på ett galler som svalnar.

m) Om du använder en holländsk ugn, ta bort grytan från ugnen, avtäck den och sänk ner brödet inuti med bakplåtspapper. Täck över och grädda i 20 minuter, ta sedan av locket och grädda i ytterligare 10 till 15 minuter tills limpan är djupt gyllenbrun och temperaturen registrerar cirka 200 °F. Använd bakplåtspapprets kanter som en slunga för att lyfta upp brödet ur grytan och upp på ett galler.

n) Låt brödet svalna i 15 till 20 minuter innan du skär upp det.

56.La Petite Boule De Pain

INGREDIENSER:
- 7 koppar brödmjöl
- ¾ kopp hårt rött mjöl
- ¾ kopp dinkelmjöl
- 2¾ kopp vatten
- 1 ¾ matsked salt
- 1 ½ tsk jäst
- 2 ½ tsk socker
- ⅓ kopp linfrön, sesam eller pumpafrön

INSTRUKTIONER:
a) Först måste du starta din jäst, för att göra det använder du en hög måttkopp där du lägger ditt socker och din uttorkade jäst, låg på 65 º C och blanda med en sked tills allt är upplöst, låt det sedan sitta i 10 minuter tills det ser ut så här.
b) Väg ditt mjöl och salt och lägg dem på din bänkskiva, var noga med att ha ungefär lika mycket överallt då du ska förtära vätskan inuti och du inte vill ha en öppning någonstans annars har du problem.
c) Blanda i fingrarna genom att gå i cirkel och blanda långsamt med mjölet på sidan tills du har en fin deg.
d) När du har en fin deg vill du arbeta ut den i 5 minuter med handen och försöka utveckla glutenet inuti. I slutet av det, lägg till den korn du vill ha
e) När du har gjort det, jäsa degen i en skål täckt med en våt handduk i 2 till 3 timmar i ugnen.
f) Har du ingen proofer, då är det väldigt enkelt, använd din gas- eller elugn, ställ upp en skål med varmt vatten i botten och sätt på din ugn till vilken temperatur som helst i ca 3 minuter och stäng av den.
g) När den har jäst, lägg den på bänkskivan med väldigt lite mjöl och knåda den inte, platta bara ut den och vik degen, den ska vara ganska elastisk så ta ena änden, den norra änden av degen och för mot söderut, gör samma sak för alla hörn ett par gånger, vänd sedan den och runda upp "boulen".

h) Vikningen är det som kommer att ge brödet kraften att jäsa. När du väl har vänt den, låt den jäsa en gång till i rumstemperatur på bänkskivan i ungefär en timme med en våt handduk.

i) Strax före timmesstrecket, värm upp din ugn till 225 ºC och lägg i din gjutjärnspanna eller en kraftig ugnssäker gryta med tättslutande lock utan lock, du behöver locket när brödet är i.

j) Ricka toppen två gånger med ett rakblad eller en vass kniv och mjöla toppen (som ger den den vackra konsistensen på toppen) och ta sedan tag i degen med handen och lägg den i din tunga ugnsfasta gryta med locket på i ca. 20 minuter.

k) Efter de första 20 minuterna, sänk ner temperaturen till 200 º C och grädda den igen i ytterligare 20 minuter utan lock.

l) Efter dessa 40 minuter, ta ut den ur ugnen och ta bort den från din gryta och kyl ner den på ett galler och där har du den.

m) För att behålla ditt bröd lite längre har du ett par alternativ, efter en dag kan du skiva det och frysa det, i ett zip lock eller så kan du hålla det helt som det är men du måste slå in det i en handduk varje gång du är klar med den. det kommer att hålla i 3 dagar så här.

n) Om du gillar bröd som är lite mindre täta, dubbla upp jästen och låt degen vila längre. I vår familj gillar vi tätt bröd :-)

57. Smärta komplett

INGREDIENSER:

- ¾ kopp vatten, vid rumstemperatur, delat
- 2 matskedar honung
- 1½ tsk snabbjäst, uppdelad
- 2¼ koppar fullkornsvetemjöl (eller T150 mjöl), uppdelat
- 1½ tsk kosher salt

INSTRUKTIONER:

a) Gör en poolish: I en medelstor skål, rör ihop ½ kopp vatten, honung och en nypa jäst, sedan en 1 kopp mjöl. Rör om tills en tjock pasta bildas. Täck med en handduk och ställ åt sidan i 2 till 4 timmar i rumstemperatur eller kyl över natten. Den ska dubbla storleken.

b) Gör degen: Tillsätt den återstående ¼ koppen vatten och återstående jäst efter önskemål, använd fingrarna för att bryta upp degen till vätskan. Tillsätt de återstående 1¼ kopparna mjöl och saltet och blanda tills en raggig deg bildas, cirka 1 minut. Vänd ut degen på en ren bänk och knåda i 8 till 10 minuter (eller överför till en stående mixer och knåda i 6 till 8 minuter vid låg hastighet) tills den är slät, stretchig och smidig. Om du knådar för hand, motstå lusten att lägga till mer mjöl; degen blir naturligtvis mindre kladdig när du bearbetar den. Om du knådar för hand, lägg tillbaka degen i skålen. Täck med en handduk och ställ den åt sidan i 1 timme eller tills den är dubbelt så stor.

c) Forma och grädda: Mjöla lätt din bänk och använd en plastbänkskrapa för att lossa degen från bunken.

d) Använd fingertopparna och dra degens kanter inåt, arbeta runt degen medsols tills alla kanter är vikta mot mitten. Nyp lätt för att fästa.

e) Du bör se degvecken mötas i mitten och skapar en söm.

f) Vänd på degen. Kupa båda händerna runt basen och dra varven mot dig med hjälp av bordets grepp, roterande medan du går, för att dra åt sömmen. Täck med en handduk och vila i 5 till 10 minuter.

g) Använd fingertopparna för att försiktigt trycka runt till en grov oval. Vik den övre tredjedelen av degen mot dig och tryck lätt längs sömmen för att fästa. Rulla degen över sig själv mot dig igen, för att skapa en stock, använd hälen på din hand eller fingertopparna för att försegla sömmen. Se till att din bänk är lätt mjölad. Du vill inte ha för mycket tryck på degen, men du vill inte heller att degen ska glida istället för att rulla. Om degen glider, borsta bort överflödigt mjöl och blöt händerna lätt.

h) Vänd försiktigt degen så att sömmen är på botten, och använd händerna för att gunga ändarna på brödet fram och tillbaka för att skapa en fotbollsform.

i) Arbeta sedan händerna från mitten av brödet ut mot kanterna för att förlänga det något till cirka 8 tum långt. Överför till en plåt klädd med bakplåtspapper.

j) Täck degen med en handduk och ställ åt sidan i ca 1 timme tills den har en marshmallow-aktig konsistens. Om du petar i degen ska den fjädra tillbaka något och lämna ett indrag. Efter 30 minuters jäsning, förvärm ugnen till 450°F.

k) När limpan är klar att gräddas, håll en lamm i 30 graders vinkel och skär dekorativt, med snabba, lätta rörelser för att skapa parallella diagonala linjer längs brödets längd.

l) Sätt in plåten i ugnen, spritsa brödet med vatten 4 eller 5 gånger och stäng luckan. Spraya igen efter 3 minuters bakning och igen efter ytterligare 3 minuter, arbeta snabbt för att inte tappa ugnsvärmen. Grädda i 20 till 25 minuter totalt, tills limpan är djupt gyllenbrun och den inre temperaturen registrerar cirka 200 °F.

m) Överför brödet till ett galler i 15 till 20 minuter innan du skär upp det.

58. Smärta Aux Noix

INGREDIENSER:
- 1½ dl vatten i rumstemperatur
- 3 matskedar honung
- 2 tsk snabbjäst
- ⅔ koppar fullkornsvetemjöl (eller T150 mjöl)
- 1½ dl brödmjöl (eller T55-mjöl)
- 1 matsked kosher salt
- 1½ dl grovt hackade valnötter

INSTRUKTIONER:
a) Gör degen: I en medelstor skål, rör ihop vatten, honung och jäst. Tillsätt hela vete och brödmjöl och salt. Rör om tills en ruggig deg går ihop. Vänd upp degen på en ren bänk och knåda i 8 till 10 minuter (eller överför till en stående mixer och knåda i 6 till 8 minuter vid låg hastighet) tills den är slät, stretchig och smidig. Sträck ut degen för att kontrollera om glutenutvecklingen är korrekt. Om den går sönder för snabbt och känns sträv, fortsätt att knåda tills den är slät och smidig. Knåda i valnötterna.

b) Om du knådar för hand, lägg tillbaka degen i skålen. Täck med en handduk och ställ åt sidan i 1 timme eller tills den är dubbelt så stor. (Denna tidpunkt kommer att variera beroende på din kökstemperatur.)

c) Mjöla lätt din bänk och använd en plastbänkskrapa för att lossa degen från bunken. Dela degen i två delar, använd en våg för att säkerställa lika vikt, om du har en.

d) Använd fingertopparna och dra kanterna på en degbit inåt, arbeta runt degen medurs tills alla kanter är vikta mot mitten. Nyp lätt för att fästa. Du bör se degvecken mötas i mitten och skapar en söm. (Se till att inte knåda degen eller tömma den för aggressivt.) Vänd runt. Kupa båda händerna runt basen och dra varven mot dig med hjälp av bordets grepp, roterande medan du går, för att dra åt sömmen. Upprepa med resterande varv. Täck med en handduk och vila i 5 till 10 minuter.

e) Arbeta med ett varv i taget, tryck försiktigt till en grov oval. Vik den övre tredjedelen av degen mot dig och tryck lätt längs sömmen för att fästa. Rulla degen över sig själv mot dig igen för att skapa en stock, använd hälen på handen eller fingertopparna för att försegla sömmen. Se till att din bänk är lätt mjölad. Du vill inte ha för hårt tryck på degen, men du vill inte heller att den ska glida istället för att rulla. Om degen glider, borsta bort överflödigt mjöl och blöt händerna lätt.

f) Vänd försiktigt degen så att sömmen är på botten, och använd händerna för att gunga ändarna på brödet fram och tillbaka för att skapa en fotbollsform.

g) Arbeta sedan händerna från mitten av varje bröd ut mot kanterna för att förlänga dem något, tills de är 8 till 10 tum långa. Överför båda bröden till en plåt klädd med bakplåtspapper, håll dem minst några centimeter från varandra.

h) Täck med en handduk och ställ åt sidan för att jäsa i cirka 1 timme eller tills marshmallow-y i konsistensen. Om du petar i degen ska den fjädra tillbaka något och lämna ett indrag. Efter 30 minuters jäsning, förvärm ugnen till 450°F.

i) När bröden är klara att grädda, håll en lamm i 30 graders vinkel och skär dekorativt, med snabba, lätta rörelser för att skapa 2 eller 3 parallella diagonala linjer längs brödets längd.

j) Sätt in plåten i ugnen, spritsa med vatten 4 eller 5 gånger och stäng luckan. Spraya igen efter 3 minuters bakning och igen efter ytterligare 3 minuter, arbeta snabbt för att inte tappa ugnsvärmen. Grädda i 20 till 25 minuter totalt, tills bröden är djupt gyllenbruna och den inre temperaturen registrerar cirka 190 °F.

k) Överför bröden till ett galler i 15 till 20 minuter innan de skärs.

59.Gibassier

INGREDIENSER:

- 4 koppar mjöl
- 10 g jäst eller bikarbonat
- 150 g strösocker
- 130 g olivolja
- 130g ljummet vitt vin
- 1 nypa salt
- 1 kopp rakad grön anis
- 4 cl apelsinblomma

INSTRUKTIONER:

a) Lös upp jästen i en behållare med lite varmt vatten.
b) Tillsätt 500 g mjöl och gräv en fontän i den.
c) Tillsätt i mitten 130 g olivolja, 150 g socker, 1 nypa salt och 1 matsked och rakad grön anis.
d) Tillsätt jästen, apelsinblomman och blanda degen väl.
e) Tillsätt gradvis det ljumma vita vinet för att få en slät pasta.
f) Dela degen och forma 2 små degbitar.
g) Kavla ut varje degbit till en liten kaka 1 cm tjock. Lägg dem på en plåt klädd med bakplåtspapper, skär 5 snitt med hjälp av en rulle eller en kniv och låt vila över natten i ugnen.
h) Nästa dag, förvärm ugnen till 180°C, strö över blont rörsocker och grädda i 25 till 30 minuter.

60.Smärta Au Son

INGREDIENSER:
- 10 g färsk bagerijäst
- 150 g kli
- 250g dinkelmjöl
- 50 g rågmjöl
- 1 kopp salt

INSTRUKTIONER:

a) I en skål, blötlägg 100 g kli i 2 dl vatten i 1 timme och låt rinna av.

b) I en annan skål, häll de 2 mjölen och gör en fontän. Häll i den smulade jästen, saltet och sedan kliblandningen.

c) Knåda allt i 10 till 15 minuter tills en jämn deg bildas. Täck skålen med en fuktig trasa och låt jäsa på en varm plats borta från drag i ca 1h30.

d) Knåda degen i cirka tio minuter på en mjölad arbetsyta och forma sedan ett avlångt bröd.

e) Värm ugnen till 180°C (th.6).

f) Smörj en stor form och klä den med resten av kliet.

g) Fördela smeten i formen och låt jäsa ytterligare 30 minuter.

h) Grädda brödet i ca 50 minuter.

i) Låt svalna. Unmold.

61.Faluche

INGREDIENSER:

- 4 koppar universalmjöl
- 10 g salt
- 10 g socker
- 10g aktiv torrjäst
- 300 ml ljummet vatten
- 2 matskedar olivolja

INSTRUKTIONER:

a) Förbered jästblandningen: I en liten skål, lös upp sockret och jästen i ljummet vatten. Låt det sitta i 5 minuter tills det blir skummande.

b) Blanda de torra ingredienserna i en stor mixerskål, kombinera mjöl och salt.

c) Forma degen: Gör en brunn i mitten av de torra ingredienserna och häll i jästblandningen och olivolja. Blanda gradvis in mjölet i de våta ingredienserna tills en deg bildas.

d) Knåda degen: Lägg över degen på en mjölad yta och knåda i 10 minuter tills den blir slät och elastisk.

e) Låt degen jäsa: Lägg degen i en lätt oljad bunke, täck den med en fuktig kökshandduk och låt den jäsa på en varm plats i 1 till 2 timmar tills den fördubblas i storlek.

f) Förvärm och forma: Förvärm ugnen till 220°C (425°F) och placera en baksten eller bakplåt inuti för att också förvärma. När degen har jäst, slå ner den försiktigt och forma den till en rund eller oval limpa.

g) Sista jäsningen: Lägg över den formade degen på en bit bakplåtspapper. Täck den med en fuktig kökshandduk och låt den vila i 15 minuter.

h) Baka: För försiktigt över bakplåtspappret med degen på den förvärmda bakstenen eller bakplåten. Grädda i 15 till 20 minuter tills faluchen blir gyllenbrun och låter ihålig när den knackas på botten.

i) Svalna och njut: Ta ut faluchen ur ugnen och låt den svalna på galler. När svalnat, skiva och servera som du vill.

62. Pain De Seigle

INGREDIENSER:
- 1 ¾ koppar rågmjöl
- 2 dl brödmjöl
- 2 tsk salt
- 2 tsk socker
- 2 ¼ teskedar aktiv torrjäst
- 1 ⅓ koppar varmt vatten

INSTRUKTIONER:

a) I en stor blandningsskål, kombinera rågmjöl, brödmjöl, salt och socker. Blanda väl för att fördela ingredienserna jämnt.

b) I en liten skål, lös upp jästen i varmt vatten. Låt det sitta i ca 5 minuter tills det blir skummande.

c) Häll jästblandningen i skålen med de torra ingredienserna. Rör om blandningen med en träslev eller händerna tills en kladdig deg bildas.

d) Lägg över degen på en mjölad yta och knåda den i ca 8-10 minuter tills den blir slät och elastisk. Tillsätt ytterligare mjöl om det behövs för att förhindra att det fastnar, men var noga med att inte tillsätta för mycket.

e) Lägg degen i en lätt smord skål och täck den med en ren kökshandduk eller plastfolie. Låt den jäsa på ett varmt, dragfritt område i cirka 1 till 1 ½ timme, eller tills det fördubblas i storlek.

f) När degen har jäst, töm den försiktigt genom att trycka ner den med fingertopparna. Forma degen till en rund limpa eller lägg den i en smord brödform.

g) Täck degen löst med en kökshandduk och låt den jäsa i ytterligare 30-45 minuter, eller tills den har puffats upp något.

h) Värm under tiden ugnen till 220°C (425°F). Om du använder en baksten, placera den i ugnen under förvärmning.

i) När degen har jäst klart tar du bort handduken och överför brödet till ett bakplåtspapper eller direkt på den förvärmda bakstenen.

j) Grädda pain de seigle i cirka 35-40 minuter, eller tills skorpan är djupt gyllenbrun och limpan låter ihålig när du knackar på botten.

k) Ta ut brödet ur ugnen och låt det svalna på galler innan det skivas och serveras.

l) Njut av din hemmagjorda pain de seigle, med dess rika smak och tillfredsställande konsistens!

63. Miche

INGREDIENSER:
- 4 dl brödmjöl
- ¾ kopp fullkornsmjöl
- 2 tsk salt
- 2 ¼ teskedar aktiv torrjäst
- 1 ½ dl varmt vatten

INSTRUKTIONER:

a) Kombinera brödmjölet, fullkornsmjölet och saltet i en stor blandningsskål. Blanda väl för att fördela ingredienserna jämnt.

b) I en liten skål, lös upp jästen i varmt vatten. Låt det sitta i ca 5 minuter tills det blir skummande.

c) Häll jästblandningen i skålen med de torra ingredienserna. Rör om blandningen med en träslev eller händerna tills en kladdig deg bildas.

d) Lägg över degen på en mjölad yta och knåda den i ca 8-10 minuter tills den blir slät och elastisk. Tillsätt ytterligare mjöl om det behövs för att förhindra att det fastnar, men var noga med att inte tillsätta för mycket.

e) Lägg degen i en lätt smord skål och täck den med en ren kökshandduk eller plastfolie. Låt den jäsa på ett varmt, dragfritt område i cirka 1 till 1 ½ timme, eller tills det fördubblas i storlek.

f) När degen har jäst, töm den försiktigt genom att trycka ner den med fingertopparna. Forma degen till en rund limpa genom att stoppa in kanterna under och rotera den i en cirkulär rörelse.

g) Lägg den formade michen på en bakplåtspappersklädd plåt. Täck den löst med en kökshandduk och låt den jäsa i ytterligare 30-45 minuter, eller tills den har svällt upp något.

h) Värm under tiden din ugn till 220°C (425°F) och ställ en grund panna med varmt vatten på det nedre gallret. Detta kommer att skapa ånga i ugnen, vilket hjälper till att få en krispig skorpa.

i) När michen har höjt sig, ta bort handduken och överför försiktigt bakplåten till den förvärmda ugnen. Grädda i ca 35-40 minuter eller tills limpan är gyllenbrun och låter ihålig när du knackar på botten.

j) Ta ut michen ur ugnen och låt den svalna på galler innan den skivas och serveras.

ITALIENSKT BRÖD

64. Grissini Alle Erbe

INGREDIENSER:

- 1 limpa franskt bröd, (8-ounce)
- 1 msk olivolja
- 1 vitlöksklyfta, halverad
- ¾ tesked torkad oregano
- ¾ tesked torkad basilika
- ⅛ tesked salt

INSTRUKTIONER:

a) Skär brödet på mitten på tvären och skär varje bit på mitten horisontellt.

b) Borsta oljan jämnt över de skurna sidorna av brödet; gnugga med vitlök. Strö oregano, basilika och salt över brödet. Skär varje brödbit på längden i 3 stavar.

c) Placera brödpinnar på en plåt; grädda i 300 grader i 25 minuter eller tills de är knapriga.

65.Ruta Pugliese

INGREDIENSER:
- 4 dl brödmjöl
- 1 ½ tsk aktiv torrjäst
- 2 koppar varmt vatten
- 2 tsk salt
- Extra virgin olivolja (för smörjning)
- Majsmjöl (för att pudra)

INSTRUKTIONER:
a) I en liten skål, lös upp jästen i ½ kopp varmt vatten. Låt det sitta i ca 5 minuter, eller tills det blir skummande.
b) Blanda brödmjölet och saltet i en stor bunke.
c) Gör en brunn i mitten av mjölblandningen och häll i jästblandningen och det återstående varma vattnet.
d) Rör ihop ingredienserna tills en grov deg bildas.
e) Lägg över degen på en mjölad yta och knåda den i ca 10-15 minuter, eller tills den blir slät och elastisk. Tillsätt lite mer mjöl om det behövs för att förhindra att det fastnar.
f) Lägg degen i en smord bunke, täck den med en ren kökshandduk och låt den jäsa på en varm plats i ca 1-2 timmar, eller tills den fördubblats i storlek.
g) Värm ugnen till 425°F (220°C). Om du har en baksten, ställ in den i ugnen för att förvärma också.
h) När degen har jäst, slå försiktigt ner den för att släppa eventuella luftbubblor. Forma den till en rund eller oval limpa.
i) Lägg det formade brödet på en plåt eller ett pizzaskal som är pudrat med majsmjöl. Detta kommer att förhindra att brödet fastnar.
j) Täck brödet med en ren kökshandduk och låt det jäsa ytterligare 30-45 minuter, eller tills det blåser upp något.
k) Använd en vass kniv och gör några grunda snitt på toppen av limpan. Detta kommer att hjälpa brödet att expandera och skapa en vacker skorpa.
l) Överför brödet på den förvärmda bakstenen eller direkt på plåten om du inte använder en sten.
m) Grädda brödet i den förvärmda ugnen i cirka 30-35 minuter, eller tills det blir gyllenbrunt och låter ihåligt när du knackar på botten.
n) När den är gräddad, ta bort Pane Pugliese från ugnen och låt den svalna på ett galler.

66. Grissini

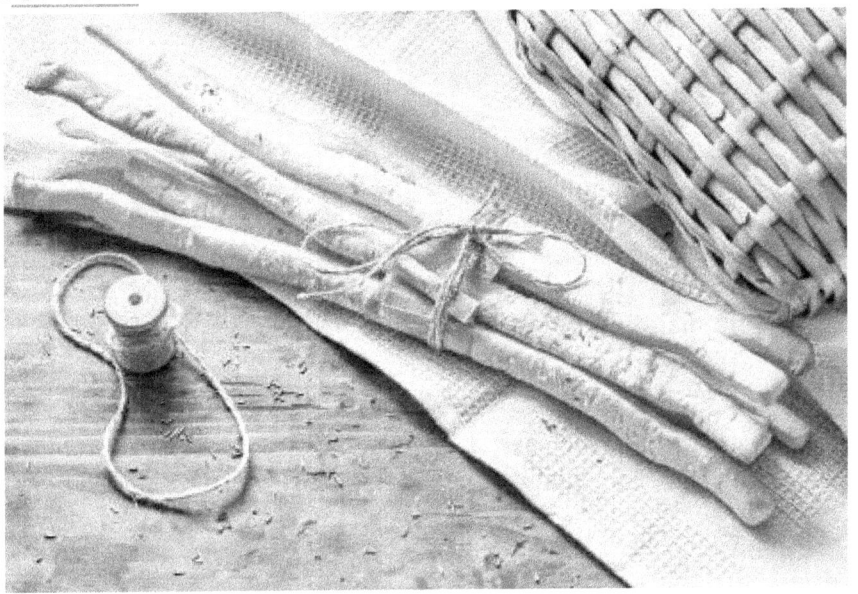

INGREDIENSER:
- 2 dl brödmjöl
- 1 tsk salt
- 1 tsk socker
- 1 msk olivolja
- ¾ kopp varmt vatten
- Valfritt: sesamfrön eller vallmofrön att strö över

INSTRUKTIONER:

a) Blanda brödmjöl, salt och socker i en mixerskål. Blanda väl för att fördela ingredienserna jämnt.

b) Gör en brunn i mitten av de torra ingredienserna och häll i olivoljan och varmt vatten.

c) Rör om blandningen med en träslev eller händerna tills den går ihop till en deg.

d) Lägg över degen till en mjölad yta och knåda den i ca 5-7 minuter tills den blir slät och elastisk.

e) Dela degen i mindre delar. Ta en portion i taget och kavla ut den till en tunn repliknande form, cirka ¼ tum i diameter.

f) Skär den utkavlade degen i 8-10 tum långa stavar. Du kan göra dem kortare eller längre baserat på dina önskemål.

g) Lägg grissinistavarna på en plåt med bakplåtspapper. Lämna lite utrymme mellan pinnarna så att de kan expandera.

h) Om så önskas kan du pensla grissinistavarna med olivolja och strö sesamfrön eller vallmofrön ovanpå för extra smak och konsistens.

i) Värm ugnen till 400°F (200°C).

j) Låt grissinistavarna vila och jäsa ca 15-20 minuter.

k) Grädda grissini i den förvärmda ugnen i ca 15-20 minuter eller tills de blir gyllenbruna och krispiga.

l) När de är gräddade tar du ut grissini från ugnen och låter dem svalna på galler.

67. Pane Pita

INGREDIENSER:

- 3 koppar oblekt universalmjöl
- 2 tsk snabbjäst
- 2 tsk Easy Roll Dough Improver
- 2 tsk strösocker
- 1 ½ tsk salt
- 1 kopp vatten
- 2 matskedar vegetabilisk olja

INSTRUKTIONER:

a) Väg ditt mjöl; eller genom att försiktigt hälla den i en kopp och sedan sopa bort eventuellt överskott. Blanda mjöl med resten av ingredienserna, blanda till en ruggig/sträv deg.

b) Knåda degen för hand (10 minuter) eller med mixer (5 minuter) eller med brödmaskin (ställ in på degcykeln) tills den är slät.

c) Lägg degen i en lätt smord skål och låt den vila i 1 timme; det kommer att bli ganska svullet, även om det kanske inte fördubblas i bulk. Om du har använt en brödmaskin, låt helt enkelt maskinen slutföra sin cykel.

d) Vänd upp degen på en lätt oljad arbetsyta och dela den i 8 bitar.

68. Pane Al Farro

INGREDIENSER:
- 500 g mjöl
- 300 gr dinkelmjöl (hel måltid)
- 350 ml vatten
- 25 gr olivolja (extra virgin)
- 20 g öljäst (färsk)
- 20 g salt
- 1 tsk kornmalt (valfritt)
- 100 gr frön (blandade)

INSTRUKTIONER:

a) För att förbereda dinkelbrödet, börja med att lösa upp den smulade bryggjästen i lite vatten i rumstemperatur.

b) Lägg de två mjölen och kornmalten i en skål och blanda de torra ingredienserna. Tillsätt sedan vattnet som du löst upp jästen och olivoljan i.

c) Tillsätt mer vatten; Jag råder dig att inte tillsätta vattnet på en gång, det kanske inte är nödvändigt då det ändå kan ta ett tag, det beror på hur mjölet du använder. Börja sedan arbeta degen med kroken på en planetmixer och justera efter att tillsätta vatten, du måste få en kompakt deg (mer kompakt än pizza, så att säga). I slutet av bearbetningen, tillsätt saltet och knåda igen. Tillsätt till sist de blandade fröna och arbeta igen för att fördela dem väl i degen

d) Slutför knådningen för hand på en bakelse och ge degen en sfärisk form, lägg den i en stor smord skål, täck med plastfolie och låt den jäsa på en skyddad varm plats (ugnen avstängd med lampan på går alldeles utmärkt). Låt den jäsa i minst 3-4 timmar eller till dubbel storlek.

e) När den jäst, ta degen igen, töm den och lägg den på en bakelsebräda, platta till den och gör 3 veck, vik den som en bok kommer att ge mer fart till den andra jäsningen. Lägg nu brödet på en plåt med bakplåtspapper, med locket nedåt, och lägg det i en korg så att det höjs på höjden.

f) Efter en timme har brödet jäst, värm ugnen till 240° med bakplåten inuti. När det har nått rätt temperatur, lägg upp brödet (med allt bakplåtspapper) direkt på plåten som förvärmts i ugnen och tillaga brödet på nedersta hyllan.

g) För att få den knapriga skorpeffekten, grädda brödet i 240° i 15 minuter, sänk sedan temperaturen till 180° och fortsätt tillagningen i ytterligare 30 minuter, höj till sist det igen till 200° i 10 minuter. När brödet är klart, ta ut det ur ugnen och överför det till ett galler för att svalna.

h) Tjäna

69. Focaccia

INGREDIENSER:
- 2¼ tesked aktiv torrjäst
- 3 dl brödmjöl
- ½ tsk salt
- ½ tesked socker
- 1 kopp vatten; plus
- 2 matskedar vatten
- 1 msk olivolja
- 2 matskedar extra virgin olivolja
- 2 tsk Grovt salt
- Nymalen svartpeppar

INSTRUKTIONER:
MASKINPROCEDUR

a) Tillsätt ingredienser, förutom pålägg, i den ordning som anges i din brödmaskins bruksanvisning. Ställ in brödmaskinen på deg/manuell inställning. I slutet av programmet, tryck på rensa/stopp. För att slå ner degen, tryck på start och låt knåda i 60 sekunder. Tryck på rensa/stopp igen. Ta bort degen och låt vila 5 minuter innan du formar den för hand.

b) Om din brödmaskin inte har en deg/manuell inställning, följ den normala brödtillverkningsproceduren, men låt degen bara knådas en gång. I slutet av knådningscykeln, tryck på clear/stop. Låt degen jäsa i 60 minuter, kontrollera efter de första 30 minuterna för att se till att degen inte överjäser och vidrör locket. Tryck på start och låt maskinen gå i 60 sekunder för att slå ner degen.

c) Tryck på rensa/stopp igen. Ta bort degen och låt vila 5 minuter innan du formar den för hand.

HANDFORMNINGSTEKNIK:

d) Strö händerna med mjöl. Sprid ut degen jämnt i en 13- X 9- X 1- tums lätt oljad bakplåt med fingertopparna. Täck med en ren köksduk.

e) Låt jäsa till dubbelt så hög höjd, ca 30 till 60 minuter.

f) Värm ugnen till 400F.

g) Gör lätta fördjupningar med fingertopparna i ytan på den jästa degen. Pensla med extra jungfruolja och strö över grovt salt och svartpeppar.

h) Grädda i nedre delen av ugnen i cirka 30 till 35 minuter, eller tills de är gyllenbruna. Låt svalna i pannan.

i) Skär i tolv lika stora bitar och servera i rumstemperatur.

70.Focaccia Di Mele

INGREDIENSER:

DEG:
- 1 litet äpple, urkärnat och i fjärdedelar
- 2 koppar oblekt vitt mjöl
- ¼ tesked kanel
- 1 msk socker eller 2 t honung
- 1 Knappt snabbjäst
- ¼ tesked salt
- ⅓ till ½ kopp varmt kranvatten
- ⅓ kopp russin

FYLLNING:
- 4 medelstora äpplen
- Saften av ½ citron
- Nyp vitpeppar
- Nyp kryddnejlika
- Nyp kardemumma
- Nyp muskotnöt
- Nyp mald ingefära
- 1 tsk vaniljextrakt
- ⅓ Kopp socker eller honung
- ½ kopp farinsocker eller
- 2 msk melass
- 1 tsk majsstärkelse

GLASYR:
- 2 msk aprikossylt eller sylt
- 1 tsk vatten

INSTRUKTIONER:

DEG:

a) Bearbeta kvartat äpple i matberedare i cirka 20 sekunder; överför till en separat skål.

b) Tillsätt 2 koppar mjöl, kanel, socker eller honung, jäst och salt om så önskas till matberedaren; bearbeta 5 sekunder. Lägg till bearbetat äpple; process i ytterligare 5 sekunder.

c) Med processorn igång, tillsätt gradvis ⅓ kopp varmt vatten genom matarröret. Stoppa maskinen och låt degen vila ca 20 sekunder. Fortsätt bearbetningen och tillsätt vatten gradvis genom matarröret tills degen bildar en mjuk boll och skålens sidor är rena. Puls 2 eller 3 gånger till.

d) Strö russin och 1 msk mjöl på en ren yta. Vänd upp degen på ytan och knåda i ca 1 minut så att russinen kommer in. Tillsätt mjöl om degen är väldigt kladdig.

e) Mjöla lätt inuti plastpåsen. Lägg degen i en påse, förslut och låt vila i 15 till 20 minuter på en varm, mörk plats.

f) Rulla degen till en cirkel 12 till 14 tum i diameter. Lägg i oljad stekpanna eller en ugnsform.

g) Täck med en kökshandduk och ställ åt sidan på en varm plats medan du förbereder fyllningen.

h) Värm ugnen till 400 grader.

FYLLNING:

i) Kärna ur och skiva äpplen papper tunt. Strö citronsaft över äppelskivorna. Tillsätt resterande fyllningsingredienser och blanda väl.

j) Skeda fyllningen i degen. Grädda i 20 minuter, vrid sedan pannan 180 grader. Sänk ugnstemperaturen till 375 grader och grädda i ytterligare 20 minuter, eller tills äpplena har fått färg. Kyl i pannan i 5 minuter. Ta bort från pannan och svalna ordentligt på galler.

GLASYR:

k) Smält sylt eller sylt i en liten kastrull. Tillsätt vatten och låt koka upp under kraftig omrörning. Pensla glasyren över äpplena och servera.

71. Schiacciata

INGREDIENSER:
- 4 dl brödmjöl
- 2 tsk snabbjäst
- 2 tsk salt
- 1 ½ dl ljummet vatten
- Extra virgin olivolja
- Grovt havssalt
- Valfritt: Färsk rosmarin eller andra örter

INSTRUKTIONER:

a) I en stor blandningsskål, kombinera brödmjöl, snabbjäst och salt. Blanda väl.

b) Tillsätt gradvis det ljumna vattnet till de torra ingredienserna, rör om med en sked eller händerna tills en kladdig deg bildas.

c) Lägg över degen på en lätt mjölad yta och knåda i ca 5 minuter tills degen blir smidig och elastisk.

d) Lägg den knådade degen i en lätt oljad bunke, täck den med en ren kökshandduk och låt den jäsa på en varm plats i ca 1-2 timmar, eller tills den fördubblats i storlek.

e) När degen har jäst, töm den försiktigt och överför den till en plåt klädd med bakplåtspapper.

f) Använd händerna, tryck och sträck ut degen så att den passar bakplåten, skapa en rektangulär eller oval form. Degen ska vara cirka ½ tum tjock.

g) Ringla rejält olivolja över degens yta, fördela den jämnt med händerna.

h) Strö grovt havssalt över toppen, tryck ner det lätt i degen.

i) Valfritt: Om så önskas, strö färska rosmarinblad eller andra örter över schiacciatans yta.

j) Täck bakduken med en kökshandduk och låt degen jäsa i ytterligare 30 minuter.

k) Värm ugnen till 220°C (425°F).

l) När degen har jäst, sätt in bakplåten i den förvärmda ugnen och grädda i ca 15-20 minuter, eller tills schiacciatan blir gyllenbrun och krispig i kanterna.

m) Ta ut schiacciatan från ugnen och låt den svalna något på galler innan den skivas och serveras.

72. Pane Di Altamura

INGREDIENSER:
- 4 koppar durumvetemjöl (Semola di grano duro rimacinata)
- 1 ½ dl ljummet vatten
- 2 tsk salt
- 1 tsk socker
- 2 tsk färsk jäst (eller 1 tsk snabbjäst)
- Extra jungfruolja (för smörjning)

INSTRUKTIONER:

a) Kombinera durumvetemjöl, salt och socker i en stor blandningsskål. Blanda väl.

b) Lös upp den färska jästen i ljummet vatten (eller följ instruktionerna om du använder instantjäst) och låt den sitta i några minuter tills den blir skum.

c) Gör en brunn i mitten av mjölblandningen och häll jästblandningen i den.

d) Blanda gradvis ihop ingredienserna, antingen med en sked eller händerna, tills en kladdig deg bildas.

e) Lägg över degen på en lätt mjölad yta och knåda i ca 10 minuter tills den blir slät och elastisk.

f) Forma degen till en rund boll och lägg den i en lätt oljad skål. Täck skålen med en ren kökshandduk och låt den jäsa på en varm plats i ca 2-3 timmar, eller tills den har dubbelt så stor storlek.

g) När degen har jäst, töm den försiktigt och lägg över den på en plåt klädd med bakplåtspapper.

h) Forma degen till en rund eller oval limpa så att den får en slät yta.

i) Använd en vass kniv eller ett rakblad och gör diagonala snedstreck eller ett korsmönster på toppen av limpan.

j) Täck limpan med en ren kökshandduk och låt den jäsa ytterligare 1-2 timmar, eller tills den synbart expanderar.

k) Värm ugnen till 220°C (425°F).

l) När brödet har jäst, sätt in det i den förvärmda ugnen och grädda i cirka 40-45 minuter, eller tills brödet får en gyllenbrun skorpa och låter ihåligt när du knackar på botten.

m) Ta ut Pane di Altamura från ugnen och låt den svalna på galler innan den skärs upp och serveras.

73. Pane Casareccio

INGREDIENSER:
- 4 dl brödmjöl
- 2 tsk snabbjäst
- 2 tsk salt
- 1 ½ dl ljummet vatten
- Extra jungfruolja (för smörjning)

INSTRUKTIONER:

a) I en stor blandningsskål, kombinera brödmjöl, snabbjäst och salt. Blanda väl.

b) Tillsätt gradvis det ljumna vattnet till de torra ingredienserna, rör om med en sked eller händerna tills en deg bildats.

c) Lägg över degen på en lätt mjölad yta och knåda i ca 10 minuter tills den blir slät och elastisk.

d) Forma degen till en rund boll och lägg den i en lätt oljad skål. Täck skålen med en ren kökshandduk och låt den jäsa på en varm plats i ca 1-2 timmar, eller tills den har dubbelt så stor storlek.

e) När degen har jäst, töm den försiktigt och lägg över den på en plåt klädd med bakplåtspapper.

f) Forma degen till en rund eller oval limpa som ger den ett rustikt utseende. Du kan också dela degen i mindre portioner för att göra bröd i individuell storlek.

g) Täck limpan med en ren kökshandduk och låt den jäsa ytterligare 1-2 timmar, eller tills den synbart expanderar.

h) Värm ugnen till 220°C (425°F).

i) Valfritt: Innan bakning, skär lätt toppen av limpan med en vass kniv eller ett rakblad för att skapa ett dekorativt mönster.

j) Placera bakplåten med brödet i den förvärmda ugnen och grädda i cirka 30-35 minuter, eller tills brödet får en gyllenbrun skorpa och låter ihåligt när du knackar på botten.

k) Ta bort Pane Casareccio från ugnen och låt den svalna på galler innan den skärs upp och serveras.

74.Ruta Toscano

INGREDIENSER:

- 4 dl brödmjöl
- 2 tsk snabbjäst
- 1 ½ dl ljummet vatten
- Extra jungfruolja (för smörjning)

INSTRUKTIONER:

a) Kombinera brödmjölet och instantjästen i en stor mixerskål. Blanda väl.

b) Tillsätt gradvis det ljumna vattnet till de torra ingredienserna, rör om med en sked eller händerna tills en kladdig deg bildas.

c) Lägg över degen på en lätt mjölad yta och knåda i ca 10 minuter tills den blir slät och elastisk.

d) Forma degen till en rund boll och lägg den i en lätt oljad skål. Täck skålen med en ren kökshandduk och låt den jäsa på en varm plats i ca 1-2 timmar, eller tills den har dubbelt så stor storlek.

e) När degen har jäst, töm den försiktigt och lägg över den på en plåt klädd med bakplåtspapper.

f) Forma degen till en rund eller oval limpa som ger den ett rustikt utseende.

g) Täck limpan med en ren kökshandduk och låt den jäsa ytterligare 1-2 timmar, eller tills den synbart expanderar.

h) Värm ugnen till 220°C (425°F).

i) Valfritt: Innan bakning, skär lätt toppen av limpan med en vass kniv eller ett rakblad för att skapa ett dekorativt mönster.

j) Placera bakplåten med brödet i den förvärmda ugnen och grädda i cirka 30-35 minuter, eller tills brödet får en gyllenbrun skorpa och låter ihåligt när du knackar på botten.

k) Ta ut Pane Toscano från ugnen och låt den svalna på galler innan den skärs upp och serveras.

75.Pane Di Semola

INGREDIENSER:
- 4 dl mannagrynsmjöl
- 2 tsk snabbjäst
- 2 tsk salt
- 1 ½ dl ljummet vatten
- Extra jungfruolja (för smörjning)

INSTRUKTIONER:
a) I en stor blandningsskål, kombinera semolinamjöl, snabbjäst och salt. Blanda väl.
b) Tillsätt gradvis det ljumna vattnet till de torra ingredienserna, rör om med en sked eller händerna tills en kladdig deg bildas.
c) Lägg över degen på en lätt mjölad yta och knåda i ca 10 minuter tills den blir slät och elastisk.
d) Forma degen till en rund boll och lägg den i en lätt oljad skål. Täck skålen med en ren kökshandduk och låt den jäsa på en varm plats i ca 1-2 timmar, eller tills den har dubbelt så stor storlek.
e) När degen har jäst, töm den försiktigt och lägg över den på en plåt klädd med bakplåtspapper.
f) Forma degen till en rund eller oval limpa som ger den ett rustikt utseende.
g) Täck limpan med en ren kökshandduk och låt den jäsa ytterligare 1-2 timmar, eller tills den synbart expanderar.
h) Värm ugnen till 220°C (425°F).
i) Valfritt: Innan bakning, skär lätt toppen av limpan med en vass kniv eller ett rakblad för att skapa ett dekorativt mönster.
j) Placera bakplåten med brödet i den förvärmda ugnen och grädda i cirka 30-35 minuter, eller tills brödet får en gyllenbrun skorpa och låter ihåligt när du knackar på botten.
k) Ta ut Pane di Semola ur ugnen och låt den svalna på galler innan den skärs upp och serveras.

76.Pane Al Pomodoro

INGREDIENSER:
- 4 dl brödmjöl
- 2 tsk snabbjäst
- 2 tsk salt
- 250 ml (1 kopp) ljummet vatten
- 2 msk tomatpuré eller mosade tomater
- 2 matskedar extra virgin olivolja
- Torkade örter som oregano, basilika eller timjan (valfritt)

INSTRUKTIONER:
a) I en stor blandningsskål, kombinera brödmjöl, snabbjäst och salt. Blanda väl.
b) I en separat skål löser du upp tomatpurén eller mosade tomaterna i det ljumna vattnet tills de är väl blandade.
c) Tillsätt tomat-vattenblandningen och olivolja till de torra ingredienserna. Mixa med en träslev eller en stavmixer försedd med degkrok tills en kladdig deg bildas.
d) Lägg över degen på en lätt mjölad yta och knåda i ca 10 minuter tills den blir slät och elastisk.
e) Lägg degen i en lätt oljad bunke, täck den med en ren kökshandduk och låt den jäsa på en varm plats i ca 1-2 timmar, eller tills den fördubblats i storlek.
f) När degen har jäst, töm den försiktigt och lägg över den på en plåt klädd med bakplåtspapper.
g) Forma degen till en rund eller oval limpa som ger den ett rustikt utseende.
h) Täck limpan med en ren kökshandduk och låt den jäsa ytterligare 1-2 timmar, eller tills den synbart expanderar.
i) Värm ugnen till 220°C (425°F).
j) Valfritt: Innan bakning, pensla toppen av limpan med olivolja och strö torkade örter ovanpå för extra smak och arom.
k) Placera bakplåten med brödet i den förvärmda ugnen och grädda i cirka 30-35 minuter, eller tills brödet får en gyllenbrun skorpa och låter ihåligt när du knackar på botten.
l) Ta ut Pane al Pomodoro från ugnen och låt den svalna på galler innan den skärs upp och serveras.

77. Pane Alle Olive

INGREDIENSER:
- 4 dl brödmjöl
- 2 tsk snabbjäst
- 2 tsk salt
- 300 ml (1 ¼ koppar) ljummet vatten
- 100 g (¾ kopp) urkärnade svarta eller gröna oliver, hackade eller skivade
- 2 matskedar extra virgin olivolja

INSTRUKTIONER:
a) I en stor blandningsskål, kombinera brödmjöl, snabbjäst och salt. Blanda väl.
b) Tillsätt gradvis det ljumna vattnet till de torra ingredienserna, rör om med en sked eller händerna tills en kladdig deg bildas.
c) Tillsätt de hackade eller skivade oliverna i degen och knåda i några minuter tills de är jämnt fördelade.
d) Lägg över degen på en lätt mjölad yta och fortsätt knåda i ca 10 minuter tills den blir slät och elastisk.
e) Lägg degen i en lätt oljad bunke, täck den med en ren kökshandduk och låt den jäsa på en varm plats i ca 1-2 timmar, eller tills den fördubblats i storlek.
f) När degen har jäst, töm den försiktigt och lägg över den på en plåt klädd med bakplåtspapper.
g) Forma degen till en rund eller oval limpa, eller så kan du skapa en traditionell "ciabatta"-form genom att platta till degen något och förlänga den.
h) Täck limpan med en ren kökshandduk och låt den jäsa ytterligare 1-2 timmar, eller tills den synbart expanderar.
i) Värm ugnen till 220°C (425°F).
j) Ringla toppen av limpan med extra virgin olivolja.
k) Placera bakplåten med brödet i den förvärmda ugnen och grädda i cirka 30-35 minuter, eller tills brödet får en gyllenbrun skorpa och låter ihåligt när du knackar på botten.
l) Ta ut Pane alle Olive från ugnen och låt den svalna på galler innan du skivar och serverar.

78.Pane Alle Noci

INGREDIENSER:
- 4 dl brödmjöl
- 2 tsk snabbjäst
- 2 tsk salt
- 300 ml (1 ¼ koppar) ljummet vatten
- 100 g (1 kopp) valnötter, hackade
- 2 matskedar extra virgin olivolja

INSTRUKTIONER:
a) I en stor blandningsskål, kombinera brödmjöl, snabbjäst och salt. Blanda väl.
b) Tillsätt gradvis det ljumna vattnet till de torra ingredienserna, rör om med en sked eller händerna tills en kladdig deg bildas.
c) Tillsätt de hackade valnötterna i degen och knåda i några minuter tills de är jämnt fördelade.
d) Lägg över degen på en lätt mjölad yta och fortsätt knåda i ca 10 minuter tills den blir slät och elastisk.
e) Lägg degen i en lätt oljad bunke, täck den med en ren kökshandduk och låt den jäsa på en varm plats i ca 1-2 timmar, eller tills den fördubblats i storlek.
f) När degen har jäst, töm den försiktigt och lägg över den på en plåt klädd med bakplåtspapper.
g) Forma degen till en rund eller oval limpa.
h) Täck limpan med en ren kökshandduk och låt den jäsa ytterligare 1-2 timmar, eller tills den synbart expanderar.
i) Värm ugnen till 220°C (425°F).
j) Ringla toppen av limpan med extra virgin olivolja.
k) Placera bakplåten med brödet i den förvärmda ugnen och grädda i cirka 30-35 minuter, eller tills brödet får en gyllenbrun skorpa och låter ihåligt när du knackar på botten.
l) Ta ut Pane alle Noci från ugnen och låt den svalna på galler innan den skärs upp och serveras.

79.Pane Alle Erbe

INGREDIENSER:

- 4 dl brödmjöl
- 2 tsk snabbjäst
- 2 tsk salt
- 300 ml (1 ¼ koppar) ljummet vatten
- 2 matskedar extra virgin olivolja
- 2 matskedar blandade färska örter (som rosmarin, timjan, basilika, oregano, persilja), finhackad

INSTRUKTIONER:

a) I en stor blandningsskål, kombinera brödmjöl, snabbjäst och salt. Blanda väl.

b) Tillsätt gradvis det ljumna vattnet till de torra ingredienserna, rör om med en sked eller händerna tills en kladdig deg bildas.

c) Tillsätt de hackade färska örterna i degen och knåda i några minuter tills de är jämnt fördelade.

d) Lägg över degen på en lätt mjölad yta och fortsätt knåda i ca 10 minuter tills den blir slät och elastisk.

e) Lägg degen i en lätt oljad bunke, täck den med en ren kökshandduk och låt den jäsa på en varm plats i ca 1-2 timmar, eller tills den fördubblats i storlek.

f) När degen har jäst, töm den försiktigt och lägg över den på en plåt klädd med bakplåtspapper.

g) Forma degen till en rund eller oval limpa.

h) Täck limpan med en ren kökshandduk och låt den jäsa ytterligare 1-2 timmar, eller tills den synbart expanderar.

i) Värm ugnen till 220°C (425°F).

j) Ringla toppen av limpan med extra virgin olivolja.

k) Placera bakplåten med brödet i den förvärmda ugnen och grädda i cirka 30-35 minuter, eller tills brödet får en gyllenbrun skorpa och låter ihåligt när du knackar på botten.

l) Ta ut Pane alle Erbe från ugnen och låt den svalna på galler innan den skärs upp och serveras.

80. Pane Di Riso

INGREDIENSER:
- 1 kopp kokt ris
- 4 dl brödmjöl
- 2 tsk snabbjäst
- 2 tsk salt
- 1 dl ljummet vatten
- 2 matskedar extra virgin olivolja

INSTRUKTIONER:

a) I en stor blandningsskål, kombinera brödmjöl, snabbjäst och salt. Blanda väl.

b) Tillsätt det kokta riset till de torra ingredienserna och blanda för att fördela det jämnt.

c) Tillsätt gradvis det ljumna vattnet till blandningen, rör om med en sked eller händerna tills en kladdig deg bildas.

d) Lägg över degen på en lätt mjölad yta och knåda i ca 10 minuter tills den blir slät och elastisk.

e) Lägg degen i en lätt oljad bunke, täck den med en ren kökshandduk och låt den jäsa på en varm plats i ca 1-2 timmar, eller tills den fördubblats i storlek.

f) När degen har jäst, töm den försiktigt och lägg över den på en plåt klädd med bakplåtspapper.

g) Forma degen till en rund eller oval limpa.

h) Täck limpan med en ren kökshandduk och låt den jäsa ytterligare 1-2 timmar, eller tills den synbart expanderar.

i) Värm ugnen till 220°C (425°F).

j) Ringla toppen av limpan med extra virgin olivolja.

k) Placera bakplåten med brödet i den förvärmda ugnen och grädda i cirka 30-35 minuter, eller tills brödet får en gyllenbrun skorpa och låter ihåligt när du knackar på botten.

l) Ta ut Pane di Riso från ugnen och låt den svalna på galler innan den skärs upp och serveras.

81.Pane Di Ceci

INGREDIENSER:
- 1½ dl kikärtsmjöl
- 1 ¾ koppar vatten
- 3 matskedar extra virgin olivolja
- 1 tsk salt
- Färsk rosmarin eller andra örter (valfritt)

INSTRUKTIONER:
a) Blanda kikärtsmjölet och vattnet i en mixerskål. Vispa väl tills blandningen är slät och fri från klumpar. Låt det vila i minst 1 timme eller upp till över natten så att mjölet återfuktar.
b) Värm ugnen till 220°C (425°F) och placera en stor gjutjärnspanna eller ugnsform i ugnen för att värma upp.
c) Efter vilotiden, skumma bort eventuellt skum som kan ha bildats ovanpå kikärtssmeten.
d) Tillsätt olivolja och salt i smeten och vispa tills det är väl blandat.
e) Ta bort den uppvärmda stekpannan eller ugnsformen från ugnen och häll försiktigt smeten i den och fördela den jämnt.
f) Om så önskas, strö färsk rosmarin eller andra örter över toppen av smeten.
g) Sätt tillbaka kastrullen eller ugnsformen i ugnen och grädda i cirka 20-25 minuter, eller tills kanterna är krispiga och gyllenbruna.
h) Ta ut Pane di Ceci från ugnen och låt den svalna i några minuter innan du skär den i klyftor eller rutor.
i) Servera varm eller i rumstemperatur som tillbehör, aptitretare eller mellanmål.

82.Pane Di Patate

INGREDIENSER:
- 2 ¼ koppar brödmjöl
- 1½ koppar kokt och potatismos
- 2 tsk snabbjäst
- 2 tsk salt
- 2 matskedar extra virgin olivolja
- ⅔ kopp ljummet vatten

INSTRUKTIONER:

a) I en stor blandningsskål, kombinera brödmjöl, snabbjäst och salt. Blanda väl.

b) Tillsätt potatismoset till de torra ingredienserna och blanda tills det är blandat.

c) Tillsätt gradvis det ljumna vattnet och olivoljan till blandningen, rör om med en sked eller händerna tills en kladdig deg bildas.

d) Lägg över degen på en lätt mjölad yta och knåda i ca 10 minuter tills den blir slät och elastisk.

e) Lägg degen i en lätt oljad bunke, täck den med en ren kökshandduk och låt den jäsa på en varm plats i ca 1-2 timmar, eller tills den fördubblats i storlek.

f) När degen har jäst, töm den försiktigt och lägg över den på en plåt klädd med bakplåtspapper.

g) Forma degen till en rund eller oval limpa.

h) Täck limpan med en ren kökshandduk och låt den jäsa ytterligare 1-2 timmar, eller tills den synbart expanderar.

i) Värm ugnen till 220°C (425°F).

j) Rita toppen av limpan med en vass kniv, skapa några snedstreck.

k) Placera bakplåten med brödet i den förvärmda ugnen och grädda i cirka 30-35 minuter, eller tills brödet får en gyllenbrun skorpa och låter ihåligt när du knackar på botten.

l) Ta ut Pane di Patate från ugnen och låt den svalna på galler innan den skärs upp och serveras.

83.Taralli

INGREDIENSER:
- 4 koppar universalmjöl
- 2 tsk salt
- 2 tsk socker
- 2 tsk bakpulver
- 120 ml (½ kopp) vitt vin
- 120 ml (½ kopp) extra virgin olivolja
- Vatten (efter behov)
- Valfria smakämnen: fänkålsfrön, svartpeppar, chiliflakes, etc.

INSTRUKTIONER:

a) I en stor blandningsskål, kombinera mjöl, salt, socker och bakpulver. Blanda väl.

b) Tillsätt det vita vinet och olivoljan till de torra ingredienserna. Blanda tills ingredienserna börjar gå ihop.

c) Tillsätt gradvis vatten, lite i taget, medan du knådar degen med händerna tills du har en smidig och lite fast deg. Mängden vatten som behövs kan variera beroende på luftfuktigheten i din miljö.

d) Om så önskas, tillsätt smakämnen som fänkålsfrön, svartpeppar eller chiliflakes till degen. Knåda degen några gånger till för att fördela smakerna jämnt.

e) Dela degen i mindre delar och rulla varje del till ett tunt rep, cirka 1 cm (0,4 tum) i diameter.

f) Skär repet i små bitar, cirka 7-10 cm (2,8-4 tum) långt.

g) Ta varje del och foga ihop ändarna, bildar en ringform.

h) Värm ugnen till 180°C (350°F).

i) Koka upp en stor kastrull med vatten. Tillsätt en näve salt i det kokande vattnet.

j) Släpp försiktigt ner några Taralli åt gången i det kokande vattnet och koka i ca 1-2 minuter, eller tills de flyter upp till ytan.

k) Använd en hålslev eller skummare, ta bort den kokta Taralli från vattnet och överför dem till en plåt klädd med bakplåtspapper.

l) Sätt in Taralli i den förvärmda ugnen och grädda i ca 25-30 minuter, eller tills de blir gyllenbruna och krispiga.

m) Ta ut Taralli från ugnen och låt dem svalna helt innan servering.

TURKISKT BRÖD

84. Simit

INGREDIENSER:
- 4 koppar universalmjöl
- 1 msk aktiv torrjäst
- 1 matsked socker
- 1 tsk salt
- 1 matsked vegetabilisk olja
- 1 ½ dl varmt vatten
- ½ kopp melass (för doppning)
- 1 kopp sesamfrön (för beläggning)

INSTRUKTIONER:

a) I en liten skål, kombinera det varma vattnet, sockret och jästen. Låt det sitta i ca 5 minuter tills det blir skummande.

b) Kombinera mjöl och salt i en stor blandningsskål. Gör en brunn i mitten och häll i jästblandningen och vegetabilisk olja. Blanda med en träslev eller händerna tills en grov deg bildas.

c) Lägg över degen till en mjölad yta och knåda i ca 8-10 minuter tills den blir slät och elastisk. Om degen är för kladdig kan du tillsätta lite mer mjöl.

d) Lägg degen i en smord skål och täck den med en fuktig trasa. Låt den jäsa på ett varmt ställe i ca 1-2 timmar tills det blir dubbelt så stort.

e) Värm ugnen till 425°F (220°C). Klä en plåt med bakplåtspapper.

f) Stansa ner den jästa degen och dela den i mindre portioner, ungefär lika stora som en tennisboll. Ta varje portion och rulla den till ett tunt rep, cirka 18 tum långt.

g) Forma repet till en cirkel som överlappar ändarna något och vrid ihop dem för att täta. Upprepa med de återstående degportionerna.

h) Häll melassen i en grund skål. Doppa varje simit i melasset och se till att den är jämnt belagd.

i) Bred ut sesamfröna på en platt tallrik. Rulla den melassbelagda simiten i sesamfröna, tryck försiktigt för att se till att de fäster vid degen.

j) Lägg de belagda simiterna på den förberedda bakplåten. Låt dem vila i ca 10-15 minuter.

k) Grädda simit i den förvärmda ugnen i ca 15-20 minuter eller tills de blir gyllenbruna.

l) Ta ut ur ugnen och låt dem svalna på galler.

85.Ekmek

INGREDIENSER:
- 4 dl brödmjöl
- 2 tsk snabbjäst
- 2 tsk salt
- 2 koppar varmt vatten

INSTRUKTIONER:
a) I en stor blandningsskål, kombinera brödmjöl, snabbjäst och salt.
b) Tillsätt det varma vattnet gradvis medan du mixar med en träslev eller händerna. Fortsätt blanda tills degen börjar gå ihop.
c) Lägg över degen till en mjölad yta och knåda i ca 10-15 minuter tills den blir slät och elastisk. Om degen är för kladdig kan du tillsätta lite mer mjöl under knådningsprocessen.
d) Lägg tillbaka den knådade degen i mixerbunken och täck den med en fuktig trasa. Låt den jäsa på en varm plats i ca 1-2 timmar eller tills den har dubbelt så stor storlek.
e) Värm ugnen till 450°F (230°C). Om du har en baksten eller en plåt, ställ in den i ugnen för att förvärma också.
f) När degen har jäst, slå försiktigt ner den för att släppa eventuella luftbubblor. Lägg över degen på en mjölad yta och forma den till en rund eller oval limpa.
g) Lägg den formade degen på ett bakplåtspapper eller en förvärmd baksten. Gör några diagonala snedstreck på toppen av limpan med en vass kniv.
h) Grädda ekmeken i den förvärmda ugnen i ca 20-25 minuter eller tills den blir gyllenbrun och låter ihålig när den knackas på botten.
i) Ta ut ekmeken från ugnen och låt den svalna på galler innan den skivas och serveras.

86. Lahmacun

INGREDIENSER:

FÖR DEGEN:
- 2 ½ koppar universalmjöl
- 1 tsk salt
- 1 tsk snabbjäst
- 1 tsk socker
- 1 msk olivolja
- ¾ kopp varmt vatten

FÖR TOPPEN:
- ½ pund malet lamm eller nötkött
- 1 lök, finhackad
- 2 tomater, fint hackade
- 1 röd paprika, finhackad
- 3 vitlöksklyftor, hackade
- 2 msk tomatpuré
- 2 matskedar olivolja
- 2 msk citronsaft
- 2 tsk malen spiskummin
- 1 tsk paprika
- 1 tsk torkad oregano
- Salta och peppra efter smak

INSTRUKTIONER:

a) I en mixerskål, kombinera mjöl, salt, snabbjäst och socker. Tillsätt olivoljan och varmt vatten. Blanda väl tills degen går ihop.

b) Lägg över degen på en mjölad yta och knåda i ca 5-7 minuter tills den blir slät och elastisk. Lägg tillbaka degen i skålen, täck den med en fuktig trasa och låt den vila i cirka 30 minuter.

c) Förbered under tiden toppingsblandningen. I en separat skål, kombinera det malda lamm- eller nötköttet, finhackad lök, tomater, röd paprika, hackad vitlök, tomatpuré, olivolja, citronsaft, mald spiskummin, paprika, torkad oregano, salt och peppar. Blanda väl för att kombinera alla ingredienser.

d) Förvärm ugnen till högsta temperaturinställning (vanligtvis runt 500°F eller 260°C).

e) Dela degen i mindre delar. Ta en portion i taget och kavla ut den till en tunn, rund form, ca 8-10 tum i diameter. Lägg den utkavlade degen på en plåt eller en pizzasten.

f) Bred ut ett tunt lager av toppingblandningen jämnt på degen, lämna en liten kant runt kanterna.

g) Upprepa processen med de återstående degportionerna och toppningsblandningen.

h) Placera den förberedda lahmacunen i den förvärmda ugnen och grädda i ca 8-10 minuter eller tills kanterna på degen blir gyllenbruna och toppingen är genomstekt.

i) Ta ut lahmacunen från ugnen och låt den svalna i några minuter innan du skär upp den. Den rullas traditionellt ihop och serveras med en skvätt citronsaft och färsk persilja.

87.Bazlama

INGREDIENSER:

- 4 koppar universalmjöl
- 2 tsk snabbjäst
- 1 tsk socker
- 1 tsk salt
- 1 ½ dl varmt vatten
- 2 matskedar olivolja

INSTRUKTIONER:

a) I en liten skål, kombinera det varma vattnet, sockret och snabbjäst. Låt det sitta i ca 5 minuter tills det blir skummande.

b) Kombinera mjöl och salt i en stor blandningsskål. Gör en brunn i mitten och häll i jästblandningen och olivolja. Blanda med en träslev eller händerna tills det bildas en raggig deg.

c) Lägg över degen till en mjölad yta och knåda i ca 5-7 minuter tills den blir slät och elastisk. Om degen är för kladdig kan du tillsätta lite mer mjöl under knådningsprocessen.

d) Lägg tillbaka den knådade degen i mixerbunken och täck den med en fuktig trasa. Låt den jäsa på en varm plats i ca 1-2 timmar eller tills den har dubbelt så stor storlek.

e) När degen har jäst, slå ner den för att släppa eventuella luftbubblor. Dela degen i lika stora delar, beroende på önskad storlek på bazlaman.

f) Ta en del av degen och kavla ut den till en rund eller oval form, cirka ¼ tum tjock. Upprepa med de återstående degportionerna.

g) Värm en stekpanna eller en stor stekpanna på medelhög värme. Lägg den utkavlade degen på den uppvärmda ytan och låt steka i cirka 2-3 minuter på varje sida, eller tills den puffar upp något och får gyllenbruna fläckar.

h) Ta bort den kokta bazlaman från grillen eller stekpannan och slå in den i en ren kökshandduk för att hålla den varm och mjuk. Upprepa processen med de återstående degportionerna.

88. Sırıklı Ekmek

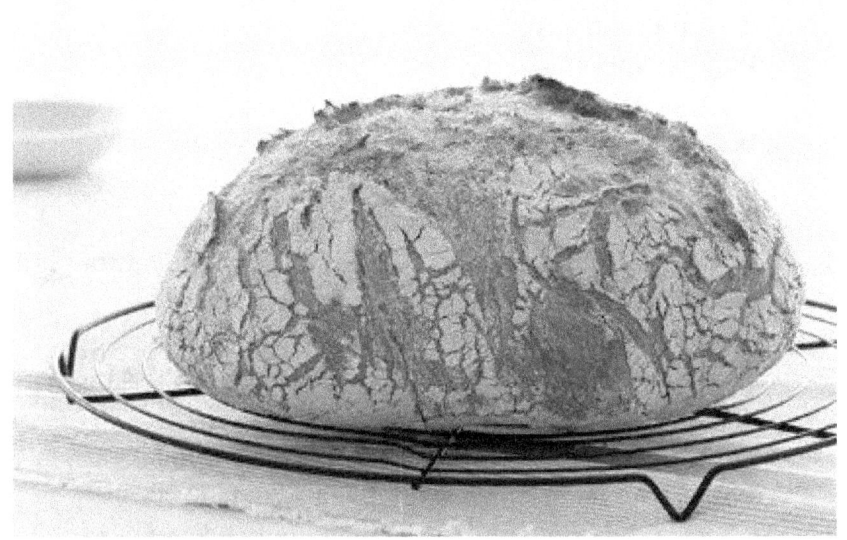

INGREDIENSER:
- 4 koppar universalmjöl
- 2 tsk snabbjäst
- 1 tsk socker
- 1 tsk salt
- 1 ½ dl varmt vatten
- 2 matskedar olivolja
- Sesamfrön (valfritt, för topping)
- Träspett (fördränkt i vatten för att förhindra att det bränns)

INSTRUKTIONER:

a) I en liten skål, kombinera det varma vattnet, sockret och snabbjäst. Låt det sitta i ca 5 minuter tills det blir skummande.

b) Kombinera mjöl och salt i en stor blandningsskål. Gör en brunn i mitten och häll i jästblandningen och olivolja. Blanda med en träslev eller händerna tills det bildas en raggig deg.

c) Lägg över degen till en mjölad yta och knåda i ca 5-7 minuter tills den blir slät och elastisk. Om degen är för kladdig kan du tillsätta lite mer mjöl under knådningsprocessen.

d) Lägg tillbaka den knådade degen i mixerbunken och täck den med en fuktig trasa. Låt den jäsa på en varm plats i ca 1-2 timmar eller tills den har dubbelt så stor storlek.

e) När degen har jäst, slå ner den för att släppa eventuella luftbubblor. Dela degen i lika stora delar.

f) Ta en del av degen och kavla ut den till en lång och tunn rektangel, cirka ⅛ tum tjock.

g) Linda försiktigt den utkavlade degen runt ett förblött träspett, börja från ena änden och spiral upp den till den andra änden. Tryck till ändarna av degen ordentligt för att fästa den på spetten.

h) Upprepa processen med de återstående degportionerna och spetten.

i) Värm en grill eller koleld till medelhög värme.

j) Placera degen med spett på grillen eller över kolelden, vrid den då och då för att säkerställa jämn tillagning. Koka i ca 5-7 minuter, eller tills brödet blir gyllenbrunt och krispigt.

k) När den är kokt, ta bort sırıklı ekmek från spetten och strö sesamfrön över brödet om så önskas.

89.Lavaş

INGREDIENSER:
- 4 koppar universalmjöl
- 1 tsk salt
- 1 ½ dl varmt vatten
- 2 matskedar olivolja
- Extra mjöl för att pudra

INSTRUKTIONER:
a) I en stor blandningsskål, kombinera mjöl och salt, skapa en brunn i mitten. Det är här du ska hälla i övriga ingredienser.
b) Häll det varma vattnet och olivoljan i brunnen. Blanda gradvis de våta ingredienserna i mjölet med en träslev eller händerna.
c) Fortsätt blanda tills en grov deg bildas. Om det känns för torrt, tillsätt lite mer vatten; om det känns för kladdigt, strö i lite mjöl.
d) Lägg över degen på en ren, mjölad yta och börja knåda. Använd hälen på din hand för att trycka bort degen från dig, vik den sedan tillbaka mot dig och upprepa. Fortsätt knåda i ca 5-7 minuter tills degen blir smidig och elastisk.
e) Lägg tillbaka den knådade degen i mixerbunken och täck den med en fuktig trasa. Låt degen vila i cirka 30 minuter, låt den slappna av och bli lättare att arbeta med.
f) Värm en non-stick stekpanna eller stekpanna på medelvärme.
g) Dela den vilade degen i mindre delar. Ta en portion i taget och kavla ut den till en tunn, rund form. Pudra degen lätt med mjöl efter behov för att förhindra att den fastnar.
h) Överför försiktigt den utkavlade degen på den förvärmda stekpanna eller stekpanna. Koka i cirka 1-2 minuter på varje sida, eller tills brödet blåser upp och får ljusbruna fläckar. Upprepa med de återstående degportionerna.
i) När varje lavaş-bröd tillagas, stapla dem på en ren kökshandduk för att hålla dem varma och smidiga.
j) Servera det nykokta lavaş-brödet varmt, antingen genom att vira det runt valfria fyllningar eller servera det tillsammans med dipp, kebab eller andra rätter.

90.Acı Ekmeği

INGREDIENSER:
- 4 koppar universalmjöl
- 2 tsk snabbjäst
- 1 tsk salt
- 1 matsked socker
- 1 msk mald spiskummin
- 1 matsked paprika
- 1 tsk chiliflakes (anpassa efter smak)
- 1 tsk torkad oregano
- 1 tsk vitlökspulver
- 1 kopp varmt vatten
- 3 matskedar olivolja
- Extra mjöl för att pudra

INSTRUKTIONER:

a) I en stor mixerskål, kombinera mjöl, snabbjäst, salt, socker, spiskummin, paprika, chiliflakes, torkad oregano och vitlökspulver. Blanda väl för att fördela kryddorna jämnt.

b) Gör en brunn i mitten av de torra ingredienserna och häll i det varma vattnet och olivoljan.

c) Blanda gradvis de våta och torra ingredienserna med en träslev eller händerna tills en kladdig deg bildas.

d) Lägg över degen på en lätt mjölad yta och knåda i ca 5-7 minuter tills degen blir smidig och elastisk. Om degen är för kladdig, tillsätt lite mer mjöl under knådningsprocessen.

e) Lägg tillbaka den knådade degen i mixerbunken, täck den med en fuktig trasa och låt den jäsa på en varm plats i ca 1-2 timmar eller tills den har fördubblats i storlek.

f) Värm ugnen till 425°F (220°C). Klä en plåt med bakplåtspapper.

g) När degen har jäst, slå ner den för att släppa eventuella luftbubblor. Lägg över degen till en mjölad yta och dela den i lika stora delar.

h) Ta en del av degen och forma den till en rund eller oval limpa. Lägg den på den förberedda bakplåten. Upprepa med de återstående degportionerna, lämna lite utrymme mellan varje bröd.

i) Använd en vass kniv och skär toppen av bröden i ett diagonalt mönster.

j) Grädda Acı Ekmeği i den förvärmda ugnen i cirka 15-20 minuter, eller tills brödet är gyllenbrunt och låter ihåligt när du knackar på botten.

k) När det är gräddat tar du ut brödet från ugnen och låter det svalna på galler.

91.Peksimet

INGREDIENSER:
- Inaktuella brödskivor
- Honung, druvsirap eller melass (valfritt)
- Sesamfrön eller kanel (valfritt)

INSTRUKTIONER:
a) Värm ugnen till lägsta temperaturinställning, vanligtvis runt 200°F (93°C).
b) Skiva det gamla brödet i tunna bitar. Du kan skära dem i valfri form, till exempel kvadrater eller rektanglar.
c) Ordna brödskivorna på en plåt i ett enda lager, se till att de inte överlappar varandra. Du kan behöva flera bakplåtar eller baka i omgångar, beroende på mängden bröd.
d) Sätt in bakplåtarna i den förvärmda ugnen och låt brödskivorna grädda i ca 2-3 timmar, eller tills de blivit helt torra och knapriga. Gräddningstiden kan variera beroende på tjockleken på brödet och önskad nivå av krispighet.
e) När brödskivorna är torra och krispiga tar du ut dem från ugnen och låter dem svalna helt.
f) Vid det här laget kan du njuta av den vanliga peksimeten som den är, eller så kan du lägga till några smakämnen om så önskas. För en touch av sötma kan du pensla peksimet med honung, druvsirap eller melass medan de fortfarande är varma.
g) Alternativt kan du strö sesamfrön eller kanel över peksimet för extra smak.
h) Låt peksimet svalna och torka helt innan du förvarar dem i en lufttät behållare. De blir ännu krispigare när de svalnar.

92.Cevizli Ekmek

INGREDIENSER:
- 4 koppar universalmjöl
- 2 tsk snabbjäst
- 1 tsk salt
- 1 matsked socker
- 1 ½ dl varmt vatten
- ½ kopp hackade valnötter
- Extra mjöl för att pudra

INSTRUKTIONER:

a) I en stor blandningsskål, kombinera mjöl, snabbjäst, salt och socker. Blanda väl så att de torra ingredienserna fördelas jämnt.

b) Gör en brunn i mitten av den torra blandningen och häll i det varma vattnet. Rör om blandningen tills den börjar gå ihop.

c) Lägg över degen på en ren, mjölad yta och knåda i ca 5-7 minuter tills degen blir smidig och elastisk.

d) Tillsätt mer mjöl om det behövs för att förhindra att det fastnar.

e) När degen är väl knådad, lägg tillbaka den i mixerbunken. Täck skålen med en fuktig duk och låt degen jäsa på en varm plats i ca 1-2 timmar, eller tills den har dubbelt så stor storlek.

f) Värm ugnen till 425°F (220°C). Klä en plåt med bakplåtspapper.

g) När degen har jäst, slå ner den för att släppa eventuella luftbubblor. Lägg över degen på en mjölad yta och platta ut den till en rektangel eller oval form.

h) Strö de hackade valnötterna jämnt över degens yta. Tryck försiktigt ner valnötterna i degen så att de fäster.

i) Rulla ihop degen hårt från ena änden, skapa en stockform med valnötterna inuti. Nyp ihop sömmarna och ändarna för att täta.

j) Lägg den formade degen på den förberedda bakplåten. Täck den med en ren trasa och låt den vila i ca 15-20 minuter.

k) Grädda Cevizli Ekmek i den förvärmda ugnen i cirka 25-30 minuter, eller tills brödet är gyllenbrunt och låter ihåligt när du knackar på botten.

l) När det är gräddat, ta ut brödet från ugnen och låt det svalna på galler innan det skivas och serveras.

93.Yufka

INGREDIENSER:
- 4 koppar universalmjöl
- 1 tsk salt
- 1 ½ dl varmt vatten
- 2 matskedar olivolja
- Extra mjöl för att pudra

INSTRUKTIONER:

a) Kombinera mjöl och salt i en stor blandningsskål. Skapa en brunn i mitten.

b) Häll det varma vattnet och olivoljan i brunnen. Blanda gradvis de våta ingredienserna i mjölet med en träslev eller händerna.

c) Fortsätt blanda tills en grov deg bildas. Om det känns för torrt, tillsätt lite mer vatten; om det känns för kladdigt, strö i lite mjöl.

d) Lägg över degen på en ren, mjölad yta och knåda i ca 5-7 minuter tills degen blir smidig och elastisk.

e) Dela den knådade degen i mindre delar. Forma varje portion till en boll och täck dem med en fuktig trasa. Låt dem vila i ca 15-20 minuter för att slappna av gluten.

f) Efter vila, ta en degboll och platta ut den med händerna för att skapa en liten skiva.

g) Pudra av arbetsytan med mjöl och kavla ut degskivan så tunt som möjligt. Vänd och vänd degen ofta för att säkerställa jämn tjocklek.

h) När den har rullats ut lyfter du försiktigt yufkan och lägger den på en ren, torr duk eller bakplåt för att torka något. Upprepa processen med de återstående degbollarna.

i) Låt yufkan torka i cirka 10-15 minuter, eller tills de inte längre är klibbiga vid beröring.

j) Värm en non-stick stekpanna eller stekpanna på medelvärme. Koka varje yufka i cirka 1-2 minuter på varje sida, eller tills de får ljusa gyllenbruna fläckar.

k) När varje yufka är tillagad, stapla dem på en ren kökshandduk för att hålla dem varma och smidiga.

94.Pide Ekmek

INGREDIENSER:
- 4 koppar universalmjöl
- 2 tsk snabbjäst
- 2 tsk socker
- 2 tsk salt
- 2 matskedar olivolja
- 1 ½ dl varmt vatten
- Valfria pålägg: sesamfrön, nigellafrön eller andra önskade pålägg

INSTRUKTIONER:
a) I en liten skål, kombinera det varma vattnet, sockret och snabbjäst. Rör om ordentligt och låt stå i ca 5-10 minuter, eller tills blandningen blir skum.
b) Kombinera mjöl och salt i en stor blandningsskål. Gör en brunn i mitten och häll i jästblandningen och olivolja.
c) Tillsätt gradvis mjölet i vätskan, blanda med en sked eller händerna tills en deg bildas.
d) Lägg över degen på en mjölad yta och knåda den i cirka 10 minuter, eller tills den blir slät och elastisk. Tillsätt mer mjöl om det behövs för att förhindra att det fastnar, men undvik att tillsätta för mycket eftersom det kan göra brödet tätt.
e) Lägg degen i en lätt oljad bunke, täck den med en fuktig trasa eller plastfolie och låt den jäsa på en varm plats i ca 1-2 timmar, eller tills den fördubblats i storlek.
f) Värm ugnen till 475°F (245°C) och klä en plåt med bakplåtspapper.
g) Slå ner den jästa degen för att frigöra eventuella luftbubblor och dela den i 4 lika stora delar. Forma varje del till en långsträckt oval form, cirka 1 cm tjock.
h) Lägg de formade pidebröden på den förberedda plåten. Om så önskas kan du pensla topparna med olivolja och strö över sesamfrön, nigellafrön eller andra önskvärda pålägg.
i) Grädda pidebröden i den förvärmda ugnen i cirka 12-15 minuter, eller tills de blir gyllenbruna och utvecklar en lätt skorpa.
j) Ta ut pidebröden ur ugnen och låt dem svalna några minuter innan servering.

95.Vakfıkebir Ekmeği

INGREDIENSER:
- 4 dl brödmjöl
- 2 tsk snabbjäst
- 2 tsk socker
- 2 tsk salt
- 2 matskedar olivolja
- 1 ½ dl varmt vatten

INSTRUKTIONER:

a) I en liten skål, kombinera det varma vattnet, sockret och snabbjäst. Rör om ordentligt och låt stå i ca 5-10 minuter, eller tills blandningen blir skum.

b) Blanda brödmjölet och saltet i en stor bunke. Gör en brunn i mitten och häll i jästblandningen och olivolja.

c) Tillsätt gradvis mjölet i vätskan, blanda med en sked eller händerna tills det bildas en ruggig deg.

d) Lägg över degen på en mjölad yta och knåda den i cirka 10 minuter, eller tills den blir slät och elastisk. Tillsätt mer mjöl om det behövs för att förhindra att det fastnar, men undvik att tillsätta för mycket eftersom det kan göra brödet tätt.

e) Lägg degen i en lätt oljad bunke, täck den med en fuktig trasa eller plastfolie och låt den jäsa på en varm plats i ca 1-2 timmar, eller tills den fördubblats i storlek.

f) Värm din ugn till 425°F (220°C) och placera en baksten eller bakplåt i ugnen för att förvärma också.

g) Stansa ner den jästa degen för att släppa eventuella luftbubblor och forma den till en rund eller oval limpa. Lägg brödet på en bakplåtspapperklädd plåt.

h) Täck degen med en fuktig duk och låt vila i ca 15-20 minuter.

i) Ta bort duken och använd en vass kniv eller ett bröd som är halt för att skära toppen av limpan med några diagonala snedstreck.

j) Överför försiktigt bakplåten med limpan på den förvärmda bakstenen eller bakplåten i ugnen.

k) Grädda brödet i cirka 30-35 minuter, eller tills skorpan blir gyllenbrun och låter ihålig när du knackar på botten.

l) Ta ut brödet ur ugnen och låt det svalna på galler innan det skivas och serveras.

96.Karadeniz Yöresi Ekmeği

INGREDIENSER:

- 4 dl brödmjöl
- 2 tsk snabbjäst
- 2 tsk socker
- 2 tsk salt
- 2 msk olivolja eller solrosolja
- 1 ½ dl varmt vatten

INSTRUKTIONER:

a) I en liten skål, kombinera det varma vattnet, sockret och snabbjäst. Rör om ordentligt och låt stå i ca 5-10 minuter, eller tills blandningen blir skum.

b) Blanda brödmjölet och saltet i en stor bunke. Gör en brunn i mitten och häll i jästblandningen och olivolja.

c) Tillsätt gradvis mjölet i vätskan, blanda med en sked eller händerna tills det bildas en ruggig deg.

d) Lägg över degen på en mjölad yta och knåda den i cirka 10 minuter, eller tills den blir slät och elastisk. Tillsätt mer mjöl om det behövs för att förhindra att det fastnar, men undvik att tillsätta för mycket eftersom det kan göra brödet tätt.

e) Lägg degen i en lätt oljad bunke, täck den med en fuktig trasa eller plastfolie och låt den jäsa på en varm plats i ca 1-2 timmar, eller tills den fördubblats i storlek.

f) Värm din ugn till 425°F (220°C) och placera en baksten eller bakplåt i ugnen för att förvärma också.

g) Stansa ner den jästa degen för att släppa eventuella luftbubblor och forma den till en rund eller oval limpa. Du kan också forma den till en traditionell Karadeniz Yöresi Ekmeği genom att dela degen i mindre bitar och forma dem till avlånga former med avsmalnande ändar.

h) Lägg den formade degen på en bakplåtspappersklädd plåt.

i) Täck degen med en fuktig duk och låt vila i ca 15-20 minuter.

j) Ta bort duken och använd en vass kniv eller ett bröd som är halt för att skära toppen av limpan med några diagonala snedstreck eller skapa ett mönster om så önskas.

k) Överför försiktigt bakplåten med limpan på den förvärmda bakstenen eller bakplåten i ugnen.

l) Grädda brödet i cirka 30-35 minuter, eller tills skorpan blir gyllenbrun och låter ihålig när du knackar på botten.

m) Ta ut brödet ur ugnen och låt det svalna på galler innan det skivas och serveras.

97.Köy Ekmeği

INGREDIENSER:
- 4 dl brödmjöl
- 2 tsk snabbjäst
- 2 tsk salt
- 2 tsk socker
- 2 dl ljummet vatten

INSTRUKTIONER:

a) I en liten skål, kombinera det ljumna vattnet, sockret och snabbjäst. Rör om ordentligt och låt stå i ca 5-10 minuter, eller tills blandningen blir skum.

b) Blanda brödmjölet och saltet i en stor bunke. Gör en brunn i mitten och häll i jästblandningen.

c) Tillsätt gradvis mjölet i vätskan, blanda med en sked eller händerna tills det bildas en ruggig deg.

d) Lägg över degen på en mjölad yta och knåda den i ca 10-15 minuter, eller tills den blir slät och elastisk. Tillsätt mer mjöl om det behövs för att förhindra att det fastnar, men undvik att tillsätta för mycket eftersom det kan göra brödet tätt.

e) Lägg degen i en lätt oljad bunke, täck den med en fuktig trasa eller plastfolie och låt den jäsa på en varm plats i ca 1-2 timmar, eller tills den har dubbelt så stor storlek.

f) Förvärm ugnen till 450°F (230°C) och placera en baksten eller bakplåt i ugnen för att förvärma också.

g) Stansa ner den jästa degen för att släppa eventuella luftbubblor och forma den till en rund eller oval limpa. Du kan även dela degen i mindre portioner och forma dem till individuella rullar om så önskas.

h) Lägg den formade degen på en bakplåtspappersklädd plåt.

i) Täck degen med en fuktig duk och låt vila i ca 15-20 minuter.

j) Ta bort duken och använd en vass kniv eller ett bröd som är halt för att skära toppen av limpan med några diagonala snedstreck eller skapa ett mönster om så önskas.

k) Överför försiktigt bakplåten med limpan på den förvärmda bakstenen eller bakplåten i ugnen.

l) Grädda brödet i cirka 30-35 minuter, eller tills skorpan blir gyllenbrun och låter ihålig när du knackar på botten.

m) Ta ut brödet ur ugnen och låt det svalna på galler innan det skivas och serveras.

98.Tost Ekmeği

INGREDIENSER:
- 4 dl brödmjöl
- 2 tsk snabbjäst
- 2 tsk socker
- 2 tsk salt
- 2 matskedar olivolja
- 1 ½ dl varmt vatten

INSTRUKTIONER:

a) Kombinera brödmjöl, snabbjäst, socker och salt i en stor mixerskål. Blanda väl så att de torra ingredienserna fördelas jämnt.

b) Tillsätt olivoljan till de torra ingredienserna och blanda i.

c) Häll gradvis det varma vattnet i skålen under omrörning. Fortsätt att blanda tills degen börjar gå ihop.

d) Lägg över degen på en lätt mjölad yta och knåda den i ca 10-15 minuter, eller tills den blir slät och elastisk. Tillsätt mer mjöl om det behövs för att förhindra att det fastnar, men undvik att tillsätta för mycket eftersom det kan göra brödet tätt.

e) Forma degen till en boll och lägg tillbaka den i mixerbunken. Täck bunken med en fuktig trasa eller plastfolie och låt degen jäsa på en varm plats i ca 1-2 timmar, eller tills den har dubbelt så stor storlek.

f) När degen har jäst, slå ner den för att släppa eventuella luftbubblor. Överför degen till en lätt mjölad yta och dela den i lika stora delar, beroende på önskad storlek på din Tost Ekmeği.

g) Forma varje del till en boll och platta till den till en rektangulär form, cirka 1 cm tjock. Du kan använda en kavel för att uppnå önskad form och tjocklek.

h) Lägg de tillplattade degbitarna på en plåt klädd med bakplåtspapper. Täck dem med en trasa och låt dem vila i ca 15-20 minuter.

i) Värm ugnen till 400°F (200°C).

j) Grädda Tost Ekmeği i den förvärmda ugnen i cirka 15-20 minuter, eller tills de blir gyllenbruna och låter ihåliga när de knackas på botten.

k) Ta ut brödet från ugnen och låt det svalna på galler innan du skivar det och använder det till smörgåsar eller rostning.

99.Kaşarlı Ekmek

INGREDIENSER:
- 4 dl brödmjöl
- 2 tsk snabbjäst
- 2 tsk socker
- 2 tsk salt
- 2 matskedar olivolja
- 1 ½ dl varmt vatten
- 200 gram vegansk smältost, riven
- Valfritt: nigellafrön eller sesamfrön till topping

INSTRUKTIONER:
a) Kombinera brödmjöl, snabbjäst, socker och salt i en stor mixerskål. Säkerställ en jämn fördelning av de torra ingredienserna.
b) Tillsätt olivoljan i den torra blandningen, blanda in den ordentligt.
c) Häll gradvis det varma vattnet i skålen under omrörning. Fortsätt blanda tills degen börjar gå ihop.
d) Lägg över degen till en lätt mjölad yta och knåda i 10-15 minuter, eller tills den är slät och elastisk. Justera med mer mjöl om det behövs, undvik för stora mängder som kan göra brödet tätt.
e) Forma degen till en boll, lägg tillbaka den i skålen och täck med en fuktig trasa eller plastfolie. Låt den jäsa på en varm plats i 1-2 timmar, eller tills den är dubbelt så stor.
f) När den har jäst, slå ner degen för att släppa luftbubblor. Dela den i lika stora delar, beroende på önskad brödstorlek.
g) Ta en portion, platta ut den till en cirkel eller oval (cirka ½ tum tjock) och strö generöst riven vegansk ost på ena halvan, lämna en kant.
h) Vik den andra halvan över osten, tryck på kanterna för att täta.
i) Lägg det fyllda brödet på en bakplåtspappersklädd plåt. Upprepa med resterande degportioner och ost.
j) Valfritt: Pensla toppen med en växtbaserad äggersättning och strö över nigellafrön eller sesamfrön för extra smak och visuell tilltalande.
k) Värm ugnen till 400°F (200°C).
l) Grädda Vegan Kaşarlı Ekmek i 15-20 minuter eller tills den är gyllenbrun, med smält och bubbel ost.
m) Ta ut ur ugnen och låt den svalna något innan servering. Njut av din läckra växtbaserade twist på denna turkiska klassiker!

100.Kete

INGREDIENSER:
- 4 koppar universalmjöl
- 1 tsk salt
- 1 tsk socker
- 1 msk aktiv torrjäst
- 1 kopp varm mjölk
- ½ kopp vegetabilisk olja
- 1 ägg, vispat (för äggtvätt)
- Sesamfrön (för topping)

INSTRUKTIONER:
a) Blanda mjöl, salt och socker i en stor blandningsskål, blanda noggrant.
b) I en separat liten skål, lös upp jästen i den varma mjölken. Låt stå i cirka 5 minuter tills jästen blir skum.
c) Skapa en brunn i mitten av mjölblandningen och häll i jästblandningen och vegetabilisk olja. Blanda med en sked eller händerna tills en mjuk deg bildas.
d) Lägg över degen till en lätt mjölad yta och knåda i ca 10 minuter tills den blir slät och elastisk. Tillsätt mer mjöl om det behövs för att förhindra att det fastnar.
e) Lägg tillbaka degen i mixerbunken, täck den med en fuktig trasa och låt den jäsa på en varm plats i 1-2 timmar, eller tills den fördubblats i storlek.
f) När degen har jäst, slå ner den för att släppa eventuella luftbubblor. Dela degen i lika stora delar baserat på önskad Kete-storlek.
g) Ta en portion och kavla ut den till en tunn rektangulär form, cirka 0,5 cm tjock.
h) Pensla ytan på den utkavlade degen med det uppvispade ägget, lämna en liten kant runt kanterna.
i) Börja från ena änden, rulla degen hårt till en stockform som liknar en gelérulle.
j) Sträck försiktigt ut den kavlade degen från båda ändarna så att den blir längre och tunnare.

k) Ta ena änden av den sträckta degen och vrid den till en spiralform som liknar en kanelrulle. Fortsätt vrida tills du når den andra änden.
l) Upprepa processen med de återstående degen.
m) Värm ugnen till 375°F (190°C) och klä en plåt med bakplåtspapper.
n) Lägg de tvinnade Kete-bröden på den förberedda bakplåten. Pensla ytan med det uppvispade ägget och strö över sesamfrön.
o) Grädda Kete i den förvärmda ugnen i 20-25 minuter eller tills skorpan blir gyllenbrun och brödet är genomstekt.
p) Ta ut brödet ur ugnen och låt det svalna på galler innan servering. Njut av din hemgjorda Kete!

SLUTSATS

När vi avslutar vår smakrika resa genom "Konsten att baka veganskt bröd hemma", hoppas vi att du har upplevt glädjen och tillfredsställelsen av att skapa utsökt veganskt bröd i ditt eget kök. Varje recept på de här sidorna är en hyllning till den konstnärlighet, smaker och grymhetsfria godheter som vegansk bakning ger till ditt bord – ett bevis på de oändliga möjligheterna i världen av växtbaserad brödbakning.

Oavsett om du har njutit av enkelheten hos ett klassiskt smörgåsbröd, omfamnat syrligheten hos en surdeg eller njutit av sötman i en frukostgodis, litar vi på att dessa 100 recept har inspirerat dig att höja dina färdigheter i vegansk brödbakning. Utöver ingredienserna och teknikerna, må konceptet med att baka veganskt bröd bli en källa till glädje, kreativitet och ett läckert bidrag till en medkännande livsstil.

När du fortsätter att utforska världen av vegansk bakning, må "Konsten att baka veganskt bröd hemma" vara din pålitliga följeslagare, som guidar dig genom en mängd läckra alternativ som gör vegansk brödbakning till en härlig och tillfredsställande upplevelse. Här är att omfamna konsten att veganskt bröd och njuta av det goda med växtbaserade limpor - glad bakning!

www.ingramcontent.com/pod-product-compliance
Lightning Source LLC
Chambersburg PA
CBHW071312110526
44591CB00010B/868